災害女性学を
つくる

浅野富美枝・天童睦子【編著】

生活思想社

●災害女性学をつくる●

目　　次

＊装幀　渡辺美知子

まえがき

災害女性学をつくる──本書の背景と目的

　本書は、かねてより災害と女性をめぐる諸問題の実践および研究に携わってきた編者の一人、天童睦子の災害女性学が必要だとの思いに、もう一人の編者浅野富美枝が共鳴したことがきっかけとなって誕生した。とはいえ、当初、災害女性学とはなにか、その体系はいかなるものかについて編者の間に確立した共通見解があったわけではなく、ましてや寄稿してくれた執筆者たちの間に、必ずしも災害女性学の共通理解があったわけではない。

　むしろ、本書刊行の契機は、災害が発生するたびに女性たちが直面する諸問題とその背景要因を解明し、解決にむけての力となる思想的・理論的枠組みを提示する新しい知識と、具体的・実践的ツールとして災害女性学が必要だという思いが、編者を含め、すべての執筆者にあったことである。その意味で、本書は完成された学問の伝達というより、新たな「災害と女性」研究につながる協働的実践の書といえる。

　序章で詳しく述べるように、本書が提起する災害女性学は、第一に、災害のなかで女性たちが直面する諸問題を解明する可能性を持つことである。災害という非日常的状況にあって、女性たちが人権と尊厳を損なうことなく被災後の生活を送ることができ、人間と社会の復旧・復興の主体となることのできる社会を作りあげる力をもつ災害女性学は、なによりも平常時の女性の社会的・文化的位置づけの現実を正確に認識すること、そのうえで、その災害時や復興期の現実を分

析・考察することが肝要である。その営みを通して、「学」としての普遍性をもち現実を変革する力となる災害女性学は構築される。第二に、災害女性学は、一つの学問的アプローチを指すものではなく、多様で学際的なアプローチである。どのような知識をうみだすべきかを探る協働作業をつうじて、市民社会のあり方を共に考察する市民共創的実践知の創造と結びつく。すなわち、災害女性学とは、災害と女性の現実・現場から出発する実践知であり、学際的知であること、これらの点で執筆者たちの姿勢は一致している。

　本書の企画は、東日本大震災から10年目の節目となる2021年の刊行に向けて、数年前から準備が進んでいた。主に日本の1990年代以降の大震災（阪神・淡路、中越、東日本、熊本など）に注目し、とりわけこの10年間のジェンダー視点による災害研究の蓄積をふまえた著作を企図している。同時に、災害を広く捉え、歴史的視点、国際的視点を含み多様な学問分野の災害研究と政策にも応用可能な枠組みと実践の提示を目指している。おりしも2020年、私たちは世界的規模の新型ウイルス感染の影響にともなう健康被害、社会生活の困難の事態に直面した。本書のいくつかの章では、2020年時点の新型ウイルス蔓延によるグローバル・ローカルな影響にも目配りをしている。

本書の構成
　本書は以下のように構成されている。序章「災害女性学をつくる」（天童睦子）では、災害女性学とはなにか、なぜいま災害女性学が必要か、という本書全体にかかわる枠組みを概説する。また災害と女性研究の経緯、ジェンダー視点の有効性と女性学の現代的意義を論じる。
　第1章「災害と女性の歴史──関東大震災から阪神・淡路大震災までを中心に」（浅野富美枝）では、第一に、関東大震災に遡り、社会的・歴史的視点から、日本で発生した主要な災害と復興において、被災者、生活者として女性がどのような状況におかれてきたかを概括する。第二に、阪神・淡路大震災から、中越地震、東日本大震災へと連なる経緯を振り返りながら、「人間の復興」に焦点を当

て、災害時の女性視点の必要性の当事者性、女性視点での被災者支援と政策提言の誕生、多様性に配慮した防災の取り組みの展開、災害関連法整備の推移に言及する。

　第2章「東日本大震災・宮城県の女性被災者支援と地域防災の取り組み」（宗片恵美子）は、市民女性NPOの経験をふまえて、2011年東日本大震災発生時、避難所・仮設住宅における被災女性に対する支援活動の実態を振り返る。NPO法人イコールネット仙台が行った「震災と女性」に関するアンケート調査（宮城県内1,500人の女性の声）、聞き取り調査「40人の女性たちが語る東日本大震災」をもとに、女性たちは震災を体験し、地域で何を考え、どう行動したのかを市民活動の立場からまとめ、そこから立ち上がった女性防災リーダー講座を紹介する。

　第3章「災害と子ども・子育て支援――発達心理学的アプローチ」（畑山みさ子）は、東日本大震災において、子ども支援、とくに子どもの心のケアにかかわった「ケア宮城」代表の畑山みさ子の手による論稿である。発達心理学的アプローチによる「子どもの心の変化とそのケア」は、災害発生から時を経て、子どもたちがどのようなニーズをもち、いかなる支援が必要かをあらためて考えさせる。支援者自身の心のケアについても、支援者を支援する息の長い取り組みとして不可欠である。畑山は、子どもと親、保護者、保育士、教師、学童保育指導員など、子育てにかかわる人々に向けた災害時とその後の心理反応と支援を論じている。

　第4章「熊本地震と女性」（浅野幸子）は、2016年に発生した熊本地震の具体的データと事例を紹介し、熊本地震が、東日本大震災で顕在化したジェンダー・多様性の視点、とくに女性、母子、障がい者、外国人の視点の防災対策の必要性に対して、国の指針が策定され、浸透が図られる途上で発生した災害であったことを指摘する。また東日本大震災以降、本格的に取り組まれた女性視点での被災者支援と災害復興のネットワークについて言及する。

　第5章「男女共同参画センターと災害」（瀬山紀子）では、2011年当時に、男女共同参画センターの職員として被災者支援に携わってきた経験をもとに、災害時の地域拠点として、センターがどのような役割を担ったかが記される。

4

災害時の拠点として男女共同参画センターをどう位置づけるか、またセンターの課題は何か。地域や地方自治体の防災枠組みと実践に示唆を与えるとともに、COVID-19 状況下の社会情勢で突き付けられた女性を取り巻く就労環境・家族関係の課題にもどうつなげていけるかが問われている。

　第 6 章「避難生活における女性支援とその課題——福島原子力災害がもたらしたもの」（薄井篤子）は、埼玉で、東日本大震災・福島第一原発事故により移動を余儀なくされた女性たちと接し、動いた経験に基づく論稿である。薄井は、特定非営利活動法人埼玉広域避難者支援センター副代表として、広域避難者女性とかかわってきた立場から、とくに、原発災害がもたらした問題をジェンダーの視点から整理し、「福島の教訓」を再考する。強制避難と自主避難をめぐる葛藤と分裂、故郷喪失と生活再建に直面した人々にどのような支援が必要かを、具体的事例をもとに描き出す。また仙台防災枠組や国連の行動計画、人道的支援などの視点からの支援の必要性、復興庁の役割を論じる。

　第 7 章「環境社会学と女性視点」（長谷川公一）は、環境社会学の立場から、その創設に重要な役割をはたした飯島伸子に焦点を当て、環境社会学と女性視点のかかわりを論じる。1980 年代のエコ・フェミニズムをめぐる論争を振り返り、東日本大震災と福島原発事故が環境問題に突き付けた課題から、環境社会学、災害研究、女性視点・フェミニズム視点のつながりを考察する。

　そして終章「未来への提言——災害女性学から見る課題と展望」（浅野富美枝、天童睦子）では、本書全体の総括を行い、災害女性学から見る課題を論じる。人権・多様性アプローチ、重層的ネットワークの構築といった視点から、災害復興対策・防災計画への具体的提言を行う。また、女性視点での防災・災害対策の到達点と課題をふまえ、政策策定の意思決定の場への女性および当事者の参画、世帯単位主義の施策の見直しなど、国レベルでの法制度、女性政策の課題に言及する。なお巻末に「災害・女性史年表 日本／世界」を付記した。

読者に向けて

　本書は、災害・防災関連科目やジェンダー関連分野を学ぶ大学生向けの入門

書として、また小・中・高校の災害・防災教育に携わる教育関係者、一般市民
にもわかりやすい内容で構成されている。さらに、災害研究の専門家、災害・
防災教育に関心をもつ社会教育担当者、男女共同参画・女性センターおよび防
災・復興の政策の策定に携わる国や自治体、関連諸機関職員、市民諸団体には、
災害女性学のアプローチで見える「防災と復興の課題」を読み解いてほしい。

　本書は、女性学が初めての人にも、災害と女性のかかわりの歴史を知りたい
人にも、そして災害・防災教育の未来をつくろうとする人にも、考えるヒント
を、現場の実例とともに提示している。近年頻発している多様な災害に対し
て、女性はもとより、社会のなかで困難を抱える人たちの課題に目を向け、ど
うしたらよりよい社会をつくっていけるのか。編者を含め 8 人の執筆者は、
COVID–19 感染拡大下での共同作業という困難ななかで、それぞれの専門分野、
実践の場からの気づきをもとに「災害女性学」の構築に取り組んだ。本書は完
成形というより、未来志向の課題を提示する挑戦の第一歩と位置付けられる。

＊　　　＊　　　＊

　本書の執筆にあたっては、多くの方々のご助力を得た。とくに「災害と女
性」インタビュー調査に協力いただいた皆様、支援活動、NPO に携わる方々
に心から感謝申し上げる。私たちの直截な質問にも丁寧に答えてくださった女
性たちの経験から私たちは大いに学び、勇気づけられた。そして、生活思想社
編集者の五十嵐美那子さんには、本書の企画段階から完成まで、大変お世話に
なった。浅野と三十年来の交流がある五十嵐さんの丁寧で的確な仕事ぶりには
何度も励まされた。篤く御礼申し上げたい。

　本書のめざすところは今後幾世代にもわたる息の長い営みである。したがっ
て、世代を超えて、とりわけ次世代が、本書の意図を自分事として受け止め、
ともにこの営みに参画していただければ本望である。

2020 年 12 月

編者　浅野富美枝

天童睦子

●序　章●

災害女性学をつくる

天 童 睦 子

はじめに──「女性と災害」再考

　本書は「女性と災害」に焦点を当て、次世代を担う若者や市民がともに、防災や復興、地域社会のあり方を女性学、男女共同参画の視点から検討するうえで必要な知識と実践を提起することを目指している。

　本テーマへの取り組みの契機は、2015 年春に遡る。同年 4 月から宮城学院女子大学に女性学の担当教員として赴任した天童と、同大学で長年教鞭をとり、2011 年東日本大震災前から仙台や宮城の各地で地域女性との連携に尽くしていた浅野富美枝が出会い、災害・防災の研究と実践に女性視点を、との点で一致した。共に、社会学や女性学の分野で培ってきた経験を、学生に伝えること、地域に還元すること、とりわけ、これからの地域防災や市民社会の形成に欠かせないジェンダー平等と多様性配慮の視点を共有すること、これは宮城という被災地にある大学で教育に関わるものの使命であると考えた。

　個人的なことだが、私（天童）は仙台生まれで、故郷には高齢の親がいて、当時勤務していた大学があった名古屋からしばしば帰省していた。東日本大震災では近しい身内が被災し、海沿いに住む肉親の安否がわからず眠れぬ数日間を今も思い出す。震災直後は、なにもできない自分、ことばにできない焦燥感を抱え、学問にいったいなにができるか、大学で教えることがどう役に立つの

か、故郷でボランティア活動をしようかと、いろいろな思いが錯綜した時期があった。

東日本大震災後には、多くの災害論が出版された。専門外の分野の文献を調べたり、ワークショップを探したり、国内外の災害とジェンダー関連文献にもあたった。それでも、なにか歯がゆい、なにか足りない。学術と被災地の実態との乖離、被災地と他の地域との温度差、原発事故によって移動を余儀なくされた人々、高齢者、子ども、家族の抱えるそれぞれの苦悩、そして、防災・復興政策における女性の不在。大震災後には「防災に女性の視点を」といった報告や著作も出されるようになったが、災害研究自体の女性視点・ジェンダー視点の手薄さ、課題は多く残されたままであった。

災害列島と呼ばれる日本において、地震、津波、台風、水害、雪害、噴火などさまざまな自然災害の歴史があり、それは防災と支援と復興の歴史でもある。とはいえ、そこにどれだけ女性視点、ジェンダー視点が含まれてきただろうか。

大震災から数年後、被災地最大の都市仙台の街並みは日常を取り戻したかに見えた。しかしひとたび津波の被災地や、福島の原発避難区域近くを訪れると、被災地前の生活環境を喪失したままの地域の姿があった。年月を経て心の葛藤を抱える人々も少なくない。

災害は、普段は隠れていたジェンダーの不均衡を浮き彫りにする。災害復興や防災の議論のなかで、ともすれば周辺化される女性、子ども、マイノリティの抱える困難に注目し、葛藤や困難の背景にある社会構造（しくみ）と日常実践（日々のくらし）をつなぐこと、平常時には見えにくい「女性の経験」を可視化し、ジェンダー平等社会を生きる市民のエンパワメント（連帯して生きる力をつけること）に寄与すること、そのような学問を、実践を、ともにつくるために、できることがあるはずだ。この思いが「災害女性学」の出発点である[1]。

1　災害女性学とはなにか

なぜ災害女性学が必要か

　災害とは一般に、地震や津波といった自然現象や人為的原因により引き起こ
された人間の生命、生活、尊厳に著しい影響を及ぼす被害を意味する。ただ
し、自然災害であっても、災害は人々に等しく影響を与えない。そこには程度
の差はあれ、社会的脆弱性と、構造的不均衡を背景に、より弱い立場の人々が
被る人為的被害がかかわっている。

　これは、阪神・淡路大震災時（1995 年）の教訓をふまえ、東日本大震災時の
多大な犠牲のもとに獲得した教訓である。

　社会科学の領域では、とくに阪神・淡路大震災を契機に、災害と女性に注目
する研究がみられるようになった。ボランティア元年とも呼ばれた 95 年は
「災害時の女性視点の必要性の自覚と政策提言の誕生期」（第 1 章）と位置付け
られよう。その後の 2004 年中越地震以降、国レベルの防災政策への女性視点
の導入、2005 年には国の防災基本計画に「男女共同参画」の視点が記された。
国際的には 2005 年第 2 回国連防災世界会議（神戸）における「兵庫行動枠組」
で、あらゆる災害リスク管理の政策・計画の決定過程にジェンダー視点の必要
性が明記され、ジェンダー視点による災害復興は世界の常識となりつつある。

　2000 年代には日本各地で「防災と女性」「災害とジェンダー」を冠したシン
ポジウムやイベントが開かれた。阪神・淡路大震災から 10 年後の 2005 年には
防災フォーラム「災害と女性」（ウィメンズネット・こうべ）、国立女性教育会館
による国際フォーラム「災害と女性のエンパワーメント」（2005 年 NWEC）、
2006 年には NPO 法人イコールネット仙台「災害と女性」講演（2006 年）な
ど、市民活動の活発化があった。また、国の第 2 次男女共同参画基本計画には
新たに「防災分野における女性の参画の拡大」が盛り込まれた（2005 年）。

神戸の教訓

　振り返れば、阪神・淡路大震災（1995 年 1 月 17 日発生 M.7.3）では 6,000 人を超える方が犠牲となった。阪神・淡路大震災における死者・行方不明者は 6,437 人（27 ページ図 1 ）、兵庫県資料では身元が分かった方のうち男性 2,713 人、女性 3,680 人で女性がおよそ 1,000 人多い（26 ページ表 1 ）。比率で見れば、年齢別では 10 歳未満（0-9 歳）を除き、すべての年齢層で女性の死亡割合が高かった。とくに 10-19 歳（57.1 ％）、70-79 歳（61.5 ％）、80 歳以上（62.2 ％）の高さが際立った。原因別では建物の倒壊による圧死等（88.3 ％）、焼死（12.8 ％）であった。全体の比率では、女性の死者は男性より 36 ％多く、そこに生活構造的問題があったことが知られている。

　阪神・淡路の被災において、住宅の耐震性が不十分であったゆえの「住宅災害」の側面があり、とりわけ、高齢女性の死亡者が多かった理由の一つとして、「インナーシティの古い住宅に身を寄せ合うようにして住んでいた高齢女性」の存在があった。本来は、自力避難が困難な人にこそ、安全な住まいが保障されるべきであるのだが、それを可能にする経済力がない女性たちが少なからず被害者となったためである（相川 2006：7）。女性の社会的・経済的地位の低さという要因が、犠牲の多さの要因となる現実は、社会的脆弱性による「犠牲の不平等」の問題を浮き彫りにするといえよう。

　阪神・淡路の教訓は、その後の災害対応に見直しの契機を与えるものであった。阪神・淡路大震災が起こる以前、日本の災害対策は台風のような短期の風水害の前提が主で、長引く被災生活が想定されてはいなかった。阪神・淡路大震災が起きた当時、新聞記者として市民活動の取材にかかわった相川康子は、震災時に、仮設住宅の杓子定規の運用があり、当時はコミュニティ単位での入居といった発想がなかったこと、被災後に親戚や知人を受け入れた「震災同居」により、旧来の性別役割分業の押しつけに強いストレスを感じる女性が少なくなかったこと、またボランティア組織のなかに単純な性別役割に基づく分業体制を用いる例などを指摘している（相川 2006：8-9）。

東日本大震災──東北からなにが見えるか

　阪神・淡路の震災時の女性たちの経験は、16 年後の東日本大震災において、かなり活かされた面はある。とはいえ、2011 年の災害は「未曾有の」規模であり、地震、津波、さらに福島第一原発事故の発生により、複合的・長期的災害となった。

　2011 年 3 月 11 日 14 時 46 分、宮城県沖を震源とするマグニチュード 9.0 の巨大地震が発生、東北の太平洋沿岸に甚大な津波の被害をもたらした。被害の規模、範囲において過去に例を見ないこの地震は、東日本大震災と命名された。2011 年 4 月 11 日時点で岩手・宮城・福島の 3 県で亡くなられた方は 1 万 3,135 人であった（表 1）。その後、東日本大震災による死者・行方不明者は 2 万 2,288 人（図 1）、震災関連死も多数報告されている（3,739 人 2019 年 9 月末時点 復興庁）[2]。

　2011 年の暮れ、地方紙・河北新報（本社・仙台市）の一面は宮城県南三陸町の海辺の風景と「祈り　思い　暮れゆく 2011　ぬくもり支えに前へ」の見出しであった。同新聞は次のように続く。「最大震度 7 の激しい揺れが東北を襲い、巨大津波が街や浜をのみ込んだ。これに福島第一原発事故が加わった。……福島県によると、約 15 万 7000 人が避難先で越年する。震災は、自然の猛威と制御できない科学技術のもろさを見せつけた」（河北新報 2011 年 12 月 31 日朝刊）。

　災害史上、東北、とりわけ三陸沖はこれまでにも大規模地震の発生が複数あった。遡ってみると大規模なものだけでも 1896 年の明治三陸地震津波（明治 29 年 6 月 15 日：M8.2 〜 8.5 死者 209 人）、1933 年昭和三陸地震（昭和 8 年 3 月 3 日：M8.1 死者・不明者 3,064 人）、1978 年宮城県沖地震（昭和 53 年 6 月 12 日：M7.4 死者 28 人、負傷者 1,325 人）、と甚大な震災被害を経験していた（巻末年表参照）。しかしながら、2011 年のそれは、過去の災害を大きく超える規模と被害であったことがわかる。

　地震大国日本は、これまでの大規模災害の経験をふまえ、災害への対応を進めてきたはずであった。しかしながら東日本大震災は、震災の規模の大きさと、福島第一原子力発電所事故による複合的大災害の様相を呈し、災害対応の

甘さ、不十分さを露呈させた。

　災害をどうとらえ、災害にどう向かうか。震災に直面した我々は、「いざというときの備え」といった災害時の具体的な避難や準備とともに、どのような生活スタイルを目指すのか、自然や科学との向き合い方をも問い直される時代を生きている。

3.11と女性の経験

　東日本大震災の主な被災地で亡くなられた方の男女別データを見ると（表1　岩手、宮城、福島　2011年4月11日判明分）、全体では女性が53.6％と女性の死亡者が多い。とくに、80歳以上で61.8％と高い。高齢期においては平均寿命の差で女性人口の割合が高く、80歳以上の死者数は女性（1,516人）と、男性（938人）の1.5倍を超えた。

　東日本大震災においては、長引く被災後の困難が際立つ。地震・津波の被災を免れたのち、早春の底冷えが続く東北地方の避難所で、体力を失い肺炎や持病の悪化で衰弱した高齢者は少なくなかった。防災、減災の議論が繰り返されるなかで、長期に及ぶ避難所や仮設住宅での安全と尊厳ある暮らしの保障、心の安寧も十分とはいえない。地震と津波の難を逃れた人が、数年後に自死に至る報道もある。

　東日本大震災において、阪神・淡路の震災時の経験が活かされた点として、国がいち早く女性に対する暴力防止を呼びかけたこと（内閣府2011年3月16日）、長期の仮設住宅での生活への対応が地域コミュニティ重視の視点で行われたことが挙げられよう。

　2000年代以降、DV防止法の制定、災害・復興過程におけるジェンダー視点の導入の強調、また地元地域での市民女性グループを中心とする性暴力防止に向けた平常期からの地道な活動など、比較的早期に女性が発言しやすい風土形成が作られていた部分もある。

　もっとも、性被害が皆無というわけではない。2011年7月避難所での強姦致傷事件、8月仮設住宅でのDV殺害事件など、被災地での性暴力事件の報道

があり、表に出ない被害は少なからずあることが推察される。

　たとえば、東日本大震災から 2 年後、被災地（岩手、宮城、福島の 3 県）における相談窓口に寄せられた相談件数（2013 年度）は 5,315 件で（複数回答）、その内訳は多い順に不安、抑うつ、PTSD などの「心理的問題」が 2,317 件（21.1%）、「生き方」（生きがい、孤独、孤立など）2,002 件（18.2%）、「家族問題」1,401 件（12.8%）と続く。「心が復興に追いつかない」「震災後家に居場所がない」「放射性物質の身体への影響が心配」といった相談があったという。また配偶者からの暴力の相談が 593 件（5.4%）、それ以外の暴力が 54 件（0.5%）あり、「震災後に夫の暴力がひどくなった」こと、「職場の男性からの性的嫌がらせがあるが、震災後にやっと見つけた仕事なので辞めたくない」といった深刻な相談が寄せられていたという（内閣府男女共同参画白書 2014）。

ジェンダーと災害復興

　東日本大震災の発生前、山地久美子は「ジェンダーの視点から防災・災害復興を考える」（2009）の論考において重要な指摘を行っている。山地は、相川（2008）を引きながら、阪神・淡路大震災では「男女平等」や「男女共同参画」の理念は理想でしかなく、旧来の性別役割分業が期待され、女性は復興過程において十分な参画を果たすことができなかったとし、復興に女性の力を活用するには、まずその女性自身が復興・人生の再建を果たす必要があるという。そして男性中心の視点（男性・成人・健常者の視点）でつくられてきた防災・災害復興計画そのものを、ジェンダーと災害復興としてとらえなおすことを推奨している。

　山地によれば「ジェンダーと災害復興」とは、男性・女性という個人の属性によって復興プロセスにどのような違いが個人的、社会的に存在するか明らかにすることで、防災・災害復興を男性と女性の双方の視点から解き直すこと、という。

　ジェンダー視点は、東日本大震災直後に学術分野、政治分野でも取り上げられた。日本学術会議では、人間の安全保障とジェンダー委員会が軸となり、い

ち早く「災害・復興と男女共同参画」6.11シンポジウムが開催された（2011年6月11日）。世界の災害・復興の実践と研究の認識は、防災と減災について「社会的脆弱性」の克服として広く捉え、ジェンダー視点を重視することが述べられている（学術の動向 2011.8：67）。

　2011年6月24日に成立した「東日本大震災復興基本法」では、男女共同参画の視点がある程度明文化され法的に位置づけられた。基本理念には「被災地域の住民の意向が尊重され、あわせて女性、子ども、障害者等を含めた多様な国民の意見が反映されるべきこと」が記載されている。

平時と非常時を貫くジェンダーの不均衡

　上述したように、災害時に表出するのは、日常に潜むさまざまな不均衡な関係である。避難所運営の性別分業、ケア責任の偏在、女性の家庭責任の強調、DV被害、世帯主（＝男性）規範がもたらす支援体制の偏り、非正規職（女性が多い）の解雇、防災会議・復興の政策決定の場における女性の不在など、社会・経済・政治システムを貫くジェンダー秩序と暗黙の男性中心主義が顕在化する。

　つまり、災害発生という非常時には、それまで不均衡を覆っていたヴェールが剥がれ、社会に構造化されていたジェンダー問題が一気に浮上する。いいかえれば、それまでジェンダー問題がなかったのではなく、問題に目を向けず、十分対処してこなかったことの表出なのだ。

　東日本大震災の折に、「絆」ということばが注目された。避難所に身を寄せ合う人々を、疑似「家族」ととらえ、人々の「絆」で乗り越えようとの気運は、支え合う地域共同体イメージの強化となった。地域の支え合いは、被災時の人々の力となり、実際多くのプラスの面がある。ただし、災害時の言説においては、多様なニーズ、個々の意向、個別の事情は後回しとされ、みんなが大変な時に「わがまま」は禁物といった空気が、一人ひとりのささやかな要望を抑え込む動きにもなりかねない。「絆」の語源が家畜をつなぎとめる綱にあったごとく、多様な意向、個人の尊厳といった声を縛るような、災害時の「危機

の言説」には留意せねばならない。

　重要なのは非常時のジェンダー対策、女性支援策とともに、平常時に、可視的・不可視的な社会的・文化的性差別を認識し、是正し、ジェンダー平等を社会の常識とする粘り強い取り組みの継続である。声をあげにくい人々の声をいかに日常的に掬いあげるか、人として尊厳と権利の保障が、防災や復興の道標のひとつとして確立される必要がある。

2　災害女性学になにができるか

フェミニズムと女性学

　ここで、本書の鍵となる用語を整理しておこう。まず女性学について。第二波フェミニズムが興隆したことを契機に、既存の学問の暗黙の男性中心主義が問い直され、女性学（women's studies）が誕生した。

　フェミニズムは女性解放の思潮、運動、実践、理論の総体である。フェミニズムの歴史を遡れば、それは波の比喩にたとえられる。第一波フェミニズムは、18－19世紀の登場・展開期で、女性の参政権獲得運動で知られる。第一波フェミニズムの代表はリベラル・フェミニズムで、個人の権利と自由の尊重を標榜する自由主義（リベラリズム）と結びついたフェミニズムである。リベラル・フェミニズムで鍵となるのは、公的領域における女性の権利、とくに女性の参政権獲得運動であり、女性の政治参加と法の下の平等、男女同等の市民権を主張するものであった。イギリスのメアリ・ウルストンクラフトによる『女性の権利の擁護』（1792年）は、第一波フェミニズムの女性解放運動の思想的基盤となった。

　時を経て20世紀後半、第二波フェミニズムは、1960年代後半から70年代の欧米に始まり世界的に波及した。それは労働市場や家庭、教育などの諸場面に浸透した、性差別的慣習や文化の変革を目指す大きなうねりである。女性学は第二波フェミニズムから生み出された。従来の学問領域の大半は、人間（human）を研究対象にしながら、じつは男性（man）を基準にした暗黙の男

性中心主義的世界観ではなかったか、そのような問題意識から、女性による新たな学問領域の創造が目指された。

　また 70 年代に登場したジェンダー概念は、生物学的性別（sex）に対して、「社会的・文化的につくられた性別」（gender）という社会構築的意味を付与されることによって、一見「自然な」差異とみなされる性別カテゴリー化に潜む、社会的・文化的権力の諸関係を明らかにする視座となった。今日ジェンダーは、女性の地位向上やエンパワメント、社会に可視的・不可視的に現存する性差別の認識と是正にかかわることばとして共有され、さまざまな学問領域における分析視角として、学校教育、社会生活の諸場面においても広がり、一定の浸透を見せている。

　第二波フェミニズムにはさまざまな立場、主張がある。その代表格であるラディカル・フェミニズムは「個人的なことは政治的なこと」との標語で知られ、個々の女性が被る暴力や嫌がらせといった事柄は個別的なことではなく、社会のなかで女性たちに加えられる抑圧の表出であると見なした。ラディカル・フェミニズムの理論的貢献は、家父長制の再定義、すなわち「男性による女性の体系的・総体的支配」の概念化にあった。

　もう一つの代表格として、マルクス主義フェミニズムがあげられる。その鍵概念は資本制と家父長制の複合支配である。マルクス主義フェミニズムの貢献は、資本主義体制のなかで見過ごされてきた再生産労働、すなわち家事、育児、介護、出産などの再生産労働の「発見」にあった。性別役割分業体制のなかで、女性が担う再生産役割によって資本制は多くの利潤と利益を得ているにもかかわらず、それを無償化し、不可視化してきたことを指摘し、さらに、従来のマルクス主義による資本家と労働者の対立の図式ではなく、資本家と生産労働者、そして再生産労働者の三重構造を示した（天童 2020：15-27）。

環境への着目

　第二波フェミニズムの主張は幅広く、1970 年代以降上記以外にも多様なフェミニズムの展開があった。たとえばラディカル・フェミニズムの潮流の一つと

して、女性中心の文化を強調する文化派フェミニズム、さらにその流れを汲む
エコロジカル・フェミニズム（エコ・フェミニズムともいう）が登場した。エコ
ロジカル・フェミニズム（ecological feminism）は、その名の通り自然の生態系
と人間との調和のとれた完成性を目指すエコロジー主義とフェミニズムを統合
したものである。男性中心の価値観、家父長制的抑圧は、利益、進歩の名のも
とに自然を収奪している。その一方で、女性は、女性性、身体性の復権によっ
てエコロジー的危機にある社会を救うとの考え方である。この主張は、70－80
年代の原子力（スリーマイルなど）問題、核兵器をめぐる草の根の反対運動に
伴うものであった。さらに（男性中心的）科学、知識、テクノロジーに対し
て、持続可能な地球経済、地球環境に向けたパラダイム転換を求める可能性も
あった[3]。

　今日、海洋汚染やプラスティック使用削減に敏感な世代（2020 年代）から見
れば、環境配慮、持続可能性の視点はわかりやすい。とはいえ、1980 年代の
日本では、女性学の紹介とあわせて、上記 2 つのフェミニズム、とくにマルク
ス主義フェミニズムに関心がむけられた感がある。そしてエコロジカル・フェ
ミニズムが包含する「本質主義」的思潮への批判、すなわち女性性の礼賛、女
性と自然、母性の過度の強調への懐疑が勝り、十分な議論の深化に至らなかっ
た面は否めない。この点は本書（第 7 章）で詳しく取り上げる。

フェミニズムの新たな波と知識

　上述のラディカル・フェミニズム、マルクス主義フェミニズムなど、第二波
フェミニズムのうねりは 1970 年代の世界的な女性の地位向上の動向と結びつ
き、女性学の登場と展開、国連女性差別撤廃条約の採択（1979 年　日本は 1985
年に批准）といった、学問的、政治的な変化をもたらした。一方、1980 年代後
半から 90 年代には、それまでとは異なるさまざまなフェミニズムの主張が見
られるようになった。既存のフェミニズムで共有されている「女性の経験」
が、「白人・中産階級・異性愛」の女性のそれにすぎないのではないか、との
懐疑が示されたのである（天童 2013）。

　80 年代後半から 90 年代は、一つの大きな波というより、複数形のフェミニズム（feminisms）の時代となった。ブラック・フェミニズムやポストコロニアルフェミニズム、そしてポストモダン、ポスト構造主義フェミニズムに連なる一連の動向を、フェミニズムの第三の波と捉えることができる（第三波フェミニズム）。

　そして 21 世紀、とくに 2008 年のグローバルな経済危機以降の女性運動を、フェミニズムの第四の波と呼ぶことがある。SNS（ソーシャルネットワークサービス）を駆使したグローバルな市民的活動が可能な時代、セクシュアル・ハラスメント、暴力、女性の非正規雇用化、貧困、環境問題、平和構築などをめぐって、ローカルとグローバルをつなぐ連帯が生まれている。2014 年 9 月、UN ウィメン親善大使を務めた俳優エマ・ワトソンは、国連本部でのスピーチ "HeForShe（ヒーフォーシー）" でフェミニズムの現代的意味を力強く発言している。2017 年、アメリカのメディア界での女性に対する性的侵害への告発に端を発した # Me Too は、国境を越えた女性運動となった。2010 年代のこのような動向を、私は「手のひらのフェミニズム」と呼んでいる[4]。若い世代を中心に、手のひらサイズの通信機器で、距離も言語も越えていく、新しい連帯の胎動が生まれるためにも、現代版女性学の深化が必要とされている。

女性のエンパワメント──女性学的想像力から創造力へ

　女性学の浸透とフェミニズムの展開のなかで「女性のエンパワメント」が広がりを見せた。女性のエンパワメントは「女性が自ら力をつけること」を意味する。エンパワメントにおける力とは、上からの力ではなく、草の根の女性たちが自ら「力をつけて連帯して行動する」ことによって、自らの状態や位置を変えていこうとする、下から上へのボトムアップの力を指している（村松・村松編 1995）。この考え方は、第 3 回世界女性会議（1985 年、於ナイロビ）以降に広まり、国連をはじめ世界的に使われ、応用されることばとなった。国際社会では、あらゆるレベルでの政策・方針決定過程への女性の参加がエンパワメント・アプローチの基盤である。本書では、「人間の復興と女性のエンパワメン

ト」を第 1 章をはじめとする複数の章で取り上げている。

　災害女性学でいうところの女性視点は、いわば光の源である。そこから発する光によって浮かび上がる問題を可視化すること、見えないものを見る力、それが女性学的想像力である。これは社会学的想像力（sociological imagination、アメリカの社会学者 W. ミルズのことば（Mills 1959））を応用した造語である。女性学的想像力、それは他者の立場にたって、その人の抱える悩み、痛み、困難を想像することを通して、女性やマイノリティに対する理不尽な扱いを認識し、それを是正するための理論と実践の想像力（天童 2017：82）のことである。

　災害女性学は、この意味での女性のエンパワメントをふまえて、女性学的想像力（他者の立場にたって考える力と実践）を、人間的復興の創造力へとつなげていく学問と実践と位置付けられる。

　なお、本書は、災害女性学と「女性」を用いているが、女性に限定した、女性だけのための問題提起や取り組みを指すものではない。子ども、高齢者、マイノリティの人々、これまで声をあげにくかった人々、生きづらさを抱える男性たちを含めたすべての人にとって、ジェンダー平等社会の構築は、よりよく生きる未来、人間の復興をひらく基盤となると考えている。

　本章でみた、フェミニズムの主張や視点は、現代の災害女性学の展開にいくつかの示唆を与えてくれる。たとえば、防災会議の女性比率の少なさは、女性の同等の市民権（第一波フェミニズム）という 19 世紀以来の長年の課題継続の表れである。第二波フェミニズムの性支配、家父長制は、非常時に顕在化する女性のケア役割、家庭責任の強調、非正規雇用化、世帯主単位の支援制度といった問題と重なっている。被災時・被災後の多様性配慮、プライバシー保護、多様なニーズへの対応は、障がいを持つ人々、性的マイノリティの人々を含め、すべての人の個人としての人間の尊重とかかわっている。

3　災害女性学とコロナ禍

コロナ禍と影のパンデミック

　なぜいま、災害女性学なのか。その意義と役割をまとめるならば、1）学術と実践をつなぐ、2）学問の垣根を超え、グローバルとローカルを視野に入れる、3）市民と若者の協働的実践の可能性をひらくことが挙げられよう。

　女性視点の重要性を認識したうえで、女性の視点を「入れる」ことにとどまらず、女性学的想像力から創造力へと、変革の力を生み出すヒントを提示するために、本書では、各章で具体的事例を盛り込んでいる。おもに 1990 年代以降の大震災（阪神・淡路、中越、東日本、熊本）を主軸としているが、2020 年のウイルス感染症拡大にともなうジェンダー問題の対処に応用可能な視点にも触れている。

　2020 年世界的な新型コロナウイルス COVID-19 感染症の拡大は、人々の日常生活の諸場面に、たとえば教育、文化、就労、経済、政治、国際情勢にいたるまで、さまざまな影響を及ぼしている。ジェンダー視点からコロナ禍をみれば、平時には見えにくかった社会的・文化的不均衡、偏見、圧力を背景に、多層的なジェンダー問題が浮上している。唐突な学校の一斉休校、健康・衛生・安全の不安、医療現場の葛藤と困難、リモート・ワークの利点・弱点、経済的脆弱性にさらされる労働者、ステイ・ホーム下の家族関係、家事分担の偏り、閉じた家族内での子ども虐待、DV 問題など、これらは日本のみならず世界各地で噴出した問題群である。

　新型コロナウイルス感染症の影響下の「隠れたジェンダー問題」として、たとえば、UN ウィメンは影のパンデミック（shadow pandemic）との表現で、コロナ禍の DV の増加、相談支援の欠如を指摘している（UN Women 2020）[5]。

　「非常時の危機」の言説は、いともたやすく人としての権利、尊厳といった普遍的な価値を後方に追いやり、とりわけジェンダー平等の取り組みを逆行させてしまうおそれがある。また、感染症の世界的拡大は、医療格差、経済格

差、政治的・政策的方向の差異を我々につきつける。グローバル化が一転して、国境という線で分断された地勢空間にとってかわる。「グローバルとローカルを視野に入れる」災害女性学は、影のパンデミックへの対抗や非常時の人権保障に、どのように向き合うことができるだろうか。

災害復興への人権アプローチ

　災害女性学は、人間中心的対応、復興の営みの基本姿勢を持つ。忘れてはならないのは、もっとも困難な状況にあって、人間的に生きる営みを保障することができるかとの継続的問いと、その実現と思われる。ここで鍵となるのは、すべての被災者の尊厳ある生の保障である。

　この点について、女性視点に特化してはいないが、国際標準的議論も参考になる。それは、スフィア・プロジェクトと呼ばれる「人道憲章と人道対応に関する最低基準」である[(6)]。

　同プロジェクトは、災害や紛争後の救援活動において満たされるべき最低基準を定めるため、国際 NGO や国際赤十字などの活動によって 1997 年に開始された。

　スフィア基準には、1）被災者には尊厳ある生活を営む権利があり、援助を受ける権利がある、2）実行可能なあらゆる手段を尽くして、災害や紛争の被災者の苦痛を軽減するべきであるとの信念があり、その倫理的・法的根拠として「人道憲章」と「権利保護の原則」が示されている（第 6 章参照）。

　スフィア基準において、注目されるのが「脆弱な人々」ということばである。年齢、性別、障がい、階級や階層、民族、政治的立場、あるいは宗教の違いによって、人々の被災経験は異なる。また多様な脆弱性の重なり（たとえば、障がいを持つ女性）や、時間の経過による脆弱性の性質の変化にも目配りが必要である。

　スフィア基準においては「人道対応は、災害が男女、少年少女にもたらした影響の違いを理解し、男女・少年少女のニーズ、脆弱さ、利益、能力と災害に対応する戦略の違いを把握した上でもっとも効果を上げることができる」こと

が強調される。そこから見えてくるのは、脆弱性が必ずしも女性、子ども、高齢者に限定されるものではなく、また脆弱な人々とのカテゴリーを押し付けてはならないことであり、災害に対応し、そこから立ち上がる回復力につながるような支援のあり方が、粘り強く検討される必要がある。

　東日本大震災時、東北の人々の限界のなかでの忍耐強さや地域の絆が称賛された。自分より他者への配慮を優先する高齢の方々の姿も多く目にした。助け合いは「災害時のユートピア」ではなく、地域のリアリティであることを示した事例も多い。一方で、「一丸となって頑張る被災者たち」（竹信ほか編 2012：2）のイメージの広がりのなかで、声をあげにくい人々が少なからずいたことにも心を寄せたい。人間中心の対応は、そこにあなたが「いること、あること」を認め、「よく聞くこと」から始まる、きわめて当たり前の営みを続けることであろう。

災害女性学のための覚え書き

　1.　災害復興の道は、あらゆる場面において、民主的で市民参加型の方略が考慮され、具現化されるものとなる。とくに市民の生活空間の形成におけるジェンダー平等の民主主義（ジェンダー・デモクラシー）の視点を重視する。具体的には避難所、仮設住宅、復興住宅などの計画、設計、管理、運営に女性が複数参画し、まちづくりの主体となるよう、女性参画型の民主的プロセスが徹底される。

　2.　災害復興を通して、ジェンダー平等社会の形成と前進が企図される。復興のプロセスは、公的領域／私的領域にわたる旧来型の固定的性別役割分業体制の見直しに通じる。雇用、教育、家庭責任、地域の役割などのジェンダー役割が再考される。

　3.　災害における女性は、弱者としてカテゴリー化されるのではなく、防災と復興の主体的担い手と位置づけられる。多様性配慮の視点を重視し、社会的脆弱性の立場におかれる人々のニーズに耳を傾け、人間中心的対応と、協同的連帯の力をつけることが志向される。

　4．災害という非常時への即応には、平常時の社会的諸局面のジェンダー平等が不可欠である。教育、保育、職場、地域、家庭などの諸場面で、日常的・身体的文化としてのジェンダー知が構築される必要がある。あわせて、地域の地理的、文化的、社会的特性の理解を深め、地域の共同知として、伝達していく「文化としての災害対策」が必要となる。

　5．災害は、自然的要素と人為的要素の複合的メカニズムのなかで生まれる。災害女性学は、学際的である。環境、平和、エネルギー、メディアといった一国規模の枠組みを超えたグローバル・ローカルな越境の学である。

　以上5つの要点を掲げたが、むろんこれがすべてではない。総じて、災害女性学は、人間と環境のかかわりを見直し、持続可能な地球環境への配慮を欠かさず、自然環境、教育環境、文化環境、政治環境等、総合的な人間の生きる営みの再生産プロセスにかかわる叡智を生み出していく継続的取り組みである。災害研究への新たな視点、協働とエンパワメントが拓く未来社会の構築に向けてなにができるか、ともに考えていこう。

【注】
（1）　本研究はJSPS科研費16K02044（研究代表　天童睦子）の助成による研究成果の一部である。災害女性学の可能性については天童睦子　2019「災害と女性のエンパワーメント・再考──宮城の事例からみえること」（研究レポート）『We learn』No.789、（公財）日本女性学習財団、pp.4-7、および天童　2020 pp.67-76も参照。また2017年開催のワークショップ「経験を紡ぐ──コミュニティ再生と女性」でのD. Aldrich（第7章文献参照）らとの意見交換、同年のシンポジウム「人間の復興と女性のエンパワーメントⅡ」（宮城学院女子大学キリスト教文化研究所主催）などからも貴重な示唆を得た。
（2）　復興庁「東日本大震災における震災関連死の死者数」2019年12月27日
　　　https://www.reconstruction.go.jp/topics/main-cat2/sub-cat2-6/20191227_kanrenshi.pdf
（3）　エコ・フェミニズムの整理はハム，M. 著（木本喜美子・高橋準監訳）1994

『フェミニズム理論事典』明石書店：84。その思想の多様性についてはシ
ヴァ，V. 訳書 1994、Merchant, C. 2018 参照。日本における過去の論争は江原
編 1990 などを参照。
（4）　天童睦子「元気が出る女性学②」ミヤガク新報（コロナ下にあって学生
が主体的に作成したオンライン新聞、河北新報と連携）2020／8／19 号よ
り。
　　　https://web.mgu-ac.work/support/news/2491.html?cat=news
（5）　UN Women shadow pandemic
　　　https://www.unwomen.org/en/news/stories/2020/4/statement-ed-phumzile-violence-
against-women-during-pandemic
（6）　The Sphere Project 2011
　　　https://www.refugee.or.jp/sphere/The_Sphere_Project_Handbook_2011_J.pdf

【参考文献】

相川康子 2006「災害とその復興における女性問題の構造——阪神・淡路大震災
の事例から」国立女性教育会館編『国立女性教育会館研究ジャーナル』
vol.10、pp.5-14
相川康子 2008「『災害とジェンダー』総論」大矢根淳ほか編『災害社会学入門』
弘文堂、pp.223-228
浅野富美枝 2016『みやぎ 3・11「人間の復興」を担う女性たち——戦後に探る
力の源泉』生活思想社
井上輝子 2011『新・女性学への招待——変わる／変わらない女の一生』有斐閣
江原由美子編 1990『フェミニズム論争——70 年代から 90 年代へ』勁草書房
シヴァ、ヴァンダナ（熊崎実訳）1994『生きる歓び——イデオロギーとしての
近代科学批判』築地書館
竹信三恵子・赤石千衣子編 2012『災害支援に女性の視点を！』岩波ブックレッ
ト
天童睦子 2013「欧米における教育社会学の展開——ポストモダニズムの課題を
問う」石戸教嗣編『新版　教育社会学を学ぶ人のために』世界思想社、
pp.45-70
天童睦子 2014「災害の人間学・序説——女性視点からの覚え書き」名城大学人
間学部紀要『人間学研究』第 12 号、pp.57-69
天童睦子 2015「知識伝達とジェンダー研究の現代的課題——フェミニズム知識

　　理論の展開をふまえて」『宮城学院女子大学研究論文集』第 121 号、pp.1-15

天童睦子 2017『女性・人権・生きること』学文社

天童睦子 2020『女性のエンパワメントと教育の未来——知識をジェンダーで問
　　い直す』東信堂

みやぎの女性支援を記録する会 2012『女たちが動く——東日本大震災と男女共
　　同参画視点の支援』生活思想社

村松安子・村松泰子編 1995『エンパワーメントの女性学』有斐閣

山地久美子 2009「ジェンダーの視点から防災・災害復興を考える——男女共同
　　参画社会の地域防災計画」関西学院大学災害復興制度研究所『災害復興研
　　究』Vol.1、pp.45-75

Merchant, Carolyn, 2018, *Science and Nature: Past, Present, and Future*, Routledge.

Mills, C. Wright, 1959, *The Sociological Imagination*, Oxford University Press.
　　（＝1965（新装版 1995）鈴木広訳『社会学的想像力』紀伊國屋書店）.

表 1　東日本大震災と阪神・淡路大震災における死者数（年齢階層別・男女別）

東日本大震災（岩手県・宮城県・福島県）

	男		女		合　計
	死者数	男女比	死者数	男女比	死者数
0 〜 9 歳	191	48.8%	200	51.2%	391
10 〜 19 歳	165	49.1%	171	50.9%	336
20 〜 29 歳	220	55.1%	179	44.9%	399
30 〜 39 歳	331	52.2%	303	47.8%	634
40 〜 49 歳	386	49.0%	401	51.0%	787
50 〜 59 歳	659	49.9%	661	50.1%	1,320
60 〜 69 歳	1,129	53.2%	995	46.8%	2,124
70 〜 79 歳	1,345	50.5%	1,318	49.5%	2,663
80 歳以上	938	38.2%	1,516	61.8%	2,454
年齢不詳	607	32.0%	1,292	68.0%	1,899
性別不詳					128
合　計	5,971	45.5%	7,036	53.6%	13,135

2011 年 4 月 11 日現在、検視などを終えている者を掲載。

阪神・淡路大震災（兵庫県）

	男		女		合　計
	死者数	男女比	死者数	男女比	死者数
0 〜 9 歳	131	52.0%	121	48.0%	252
10 〜 19 歳	136	42.9%	181	57.1%	317
20 〜 29 歳	232	49.2%	240	50.8%	472
30 〜 39 歳	122	46.2%	142	53.8%	264
40 〜 49 歳	215	44.2%	271	55.8%	486
50 〜 59 歳	385	44.3%	485	55.7%	870
60 〜 69 歳	533	43.8%	684	56.2%	1,217
70 〜 79 歳	488	38.5%	780	61.5%	1,268
80 歳以上	471	37.8%	776	62.2%	1,247
性別及び死亡時年齢不明					9
合　計	2,713	42.4%	3,680	57.5%	6,402

　内閣府　防災情報のページ参考資料 6「東日本大震災と阪神・淡路大震災における死者数（年齢階層別・男女別）」http://www.bousai.go.jp/kaigirep/hakusho/h23/bousai2011/html/honbun/2b_sanko_siryo_06.htm をもとに筆者作成。
　＊序章図表作成協力　藤井竜哉

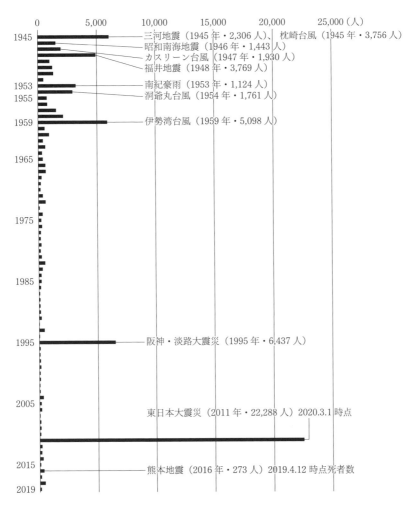

図1　日本における自然災害による死者数・行方不明者数

防災白書 2020 などをもとに筆者作成。
出典：2020（令和2）年版　防災白書記載のデータ、グラフをもとに作成（大元のデータ出典：昭和 20 年は主な災害による死者・行方不明者（理科年表による）。1946〜52（昭和 21 〜27）年は日本気象災害年報、1953〜62（昭和 28〜37）年は警察庁資料、1963 年以降は消防庁資料をもとに内閣府作成）
熊本地震の死者数の出典は http://www.bousai.go.jp/updates/h280414jishin/pdf/h280414jishin_55.pdf
（注）　1995 年死者のうち、阪神・淡路大震災の死者については、いわゆる関連死 919 人を含む（兵庫県資料）。2018 年の死者・行方不明者は内閣府取りまとめによる速報値。

●第**1**章●

災害と女性の歴史
関東大震災から阪神・淡路大震災までを中心に

浅野富美枝

は じ め に

　日本は災害大国である。世界的に見ても自然災害のリスクが高く、台風や洪水などの気象災害の影響をランク付けした報告書「世界気候リスク・インデックス」2020 年版によると、日本は世界 183 か国でワースト 1 位である。これまで開催された 3 回の国連防災世界会議が、第 1 回は 1994 年に横浜、第 2 回は 2005 年に神戸、第 3 回は 2015 年に仙台と、いずれも日本で開催されていることからもこうした事情がうかがえる[1]。

　火山列島の日本は、古来より火山噴火や地震の災害に見舞われてきた。歴史に残るもっとも古い地震は、規模や被災状況は不明だが、『日本書紀』に記述がある 416 年の允恭地震である。M（＝マグニチュード）8 以上と推定される地震は、貞観地震（三陸沖地震、869 年、M8.3 〜 8.6）、宝永地震（南海トラフ地震、1707年、M8.6）、明治三陸地震（1896 年、M8.2）、そして東日本大震災（2011 年、M9.0）など、30 以上にのぼる。M8 以下でも、関東大震災（1923 年、M7.9）をはじめ、宮城県沖地震（1978 年、M7.4）、新潟県中越地震（2004 年、M6.8）、熊本地震（2016年、M7.3）など、甚大な被害をもたらした地震は数多い。

　自然災害は火山噴火や地震にかぎらず、台風、集中豪雨、竜巻などによる風

水害や土砂災害、異常気象による干害、雪害など多様である。災害は自然災害に限らない。消防・防災関連の行政分野では一般に、災害は自然災害のほか、火災や大気汚染、水質汚染などの人為災害、有害物質の漏洩や病原体の蔓延、放射性物質の漏洩や原子力事故などの特殊災害に分類されている。福島第一原発事故や新型コロナの感染拡大は特殊災害に含まれる。今日災害は、ますます大規模化・多様化・複合化している(2)。

　大規模自然災害が頻発する日本では、古来より災害からの復旧や被災者に対する救済がなされてきた。たとえば、大化の改新の時代、被災者や困窮した人々に給付するための穀物を備蓄する義倉といわれる倉庫が国内の各地に設置されていた。数多くの災害が発生した江戸時代には、享保、天明、天保などの大飢饉後、幕府が困窮した人々にコメを支給したり(「御救米」)、安政東海地震（1854年）に伴い発生した下田津波の被害者に対して、今日の避難所、仮設住宅に相当する「お救い小屋」が建てられ、かゆの炊き出しが行われ、犠牲者に対して「お救い金」が支給されたなどの記録が残されている。また、災害時に備えて準備金を積み立てる「七分金積立制度」が設置されたり、浅間山の噴火によって甚大な被害が発生したさい（1783年）には、復旧のための公共工事が実施され、被災して職を失った人々を雇い、賃金が支給された(「御救普請」)ことが伝えられている。しかし、被災した建造物の修理や土木関連の復旧事業、堤防や堰溝などの防災事業や新田開発などの復興事業に、子どもや高齢者、女性も駆りだされ、粗末な食事や過酷な労働のなかで病人や死者が出たという記録をみると、こうした対策が必ずしも被災者を尊重したものばかりではなかったこともうかがえる(3)。また、災害時に女性たちがどのような状況におかれ、どのような働きをしたのかについては、ほとんど記録がない。

　災害時の女性の状況、女性たちの動きが着目され、記録されてきたのは、日本では1995年の阪神・淡路大震災以降である。阪神・淡路大震災が発生した1995年は、北京会議（第4回世界女性会議、女性の人権や社会的地位をテーマに開催された国連の会議）開催の年であり、女性の人権の尊重と地位向上、女性差別廃絶の動きが国内外で高まっていた時期であった。こうしたなかで災害時

の女性の状況に注意が払われるようになり、災害の歴史がジェンダー視点で見
直されるようになってきた。災害時、女性はどのような状況に遭遇し、どのよ
うに動いたのか、災害時になぜ女性の視点が必要なのか、また、どうしたら災
害時に女性の視点が生かされるのか——。私たちは、こうした問いに対する答
えを過去の体験を検証することによって探ることができる。この章では、1923
年の関東大震災以降今日までの災害と女性をめぐるおおまかな流れをみておき
たい。

1　　関東大震災と女性

　四半世紀前に発生した阪神・淡路大震災の経験は、女性や被災者の視点の復
興・防災が必要であることを、多くの教訓として私たちに伝えている。その原
点を私たちは、一世紀近く前の 1923 年に発生した関東大震災に見ることがで
きる。一つは「人間の復興」という災害からの復興の考え方であり、もう一つ
は女性たちによる女性被災者支援の重要性である。
　関東大震災は、1923（大正12）年 9 月 1 日午前 11 時 58 分に発生した。その
日は土曜日で、官庁などの仕事は午前で終わり、小学校も 2 学期の始業式で生
徒たちは早めに下校し、多くの家々では昼食の準備が進められていた。M7.9
の巨大地震は、東京、神奈川、千葉、埼玉、静岡、山梨、茨城、長野、栃木、
群馬という広域に甚大な被害をもたらし、死者・行方不明者は 10 万 5,385 人、
焼失、全半壊などによる住居の損壊は 37 万 2,659 棟に及んだ。折井美耶子ら
の『女たちが立ち上がった』[4]には、大震災で被災した女性たちの状況、とり
わけ女性たちが集団で被災した例として、吉原遊郭の娼妓たちと紡績工場の女
工たちが紹介されている。いずれの女性たちも日常的に拘束状態に置かれ、逃
げ場のない状況で被災し、娼妓は 2,000−3,000 人のうち 490 人、女工たちは罹
災した 15 工場で 5,000 人以上の死傷者がでたという[5]。

福田徳三の「人間の復興」

　この大震災に際して「人間の復興」を提唱したのは、東京商科大学（現一橋大学）教授だった福田徳三である。福田は、人権、生存権という言葉もなかった明治憲法下で、生きるための社会政策の重要性を主張した経済学者である。関東大震災が発災したとき、箱根で執筆にあたっていた福田は、発災を知って急きょ東京に戻り、学生たちを伴って、バラック（今日の仮設住宅にあたる被災者の仮の住まい）を回り、被災した1万324世帯（約3万6,000人）を対象に、8日間かけて失業率の調査を実施し、国や東京市に対し、被災者が復職するための対策をとるよう訴えた。福田の調査で特筆すべきは、男女別の調査を実施したことである。その結果、「震災のために元の業を継続しうる者は、男は4割強であるが、女はその半分の2割である」こと、「男の純失業の割合は2割5分3厘であるが、女のそれは驚くべし6割3分1厘6毛にのぼっている」ことが判明すると、女性たちがどんな職種を希望しているかを調査した。彼はさらに、女性は職業紹介所へ行くにも困難を抱えているので、「婦人求職者の方へ出張して紹介する制度を作らねばならぬ」という提案をしている[6]。

　福田は、「二枚の着物を持ってはならない」を標語に、衣類、日用品、寄付金を募集し、被災者に配給する実践活動に携わると同時に、震災からの復興に関する政策提言を行った。彼は「営生機会の復興を急げ」のなかで次のように主張した。

　　　　私は復興事業の第一は、人間の復興でなければならぬと主張する。人間の復興とは、大災によって破壊せられた生存の機会の復興を意味する。今日の人間は、生存する為に、生活し、営業し労働しなければならぬ。即ち生存機会の復興は、生活、営業及労働機会（此を総称して営生の機会という）の復興を意味する。道路や建物は、この営生の機会を維持し擁護する道具立てに過ぎない。それらを復興しても、本体たり実質たる営生の機会が復興せられなければ何にもならないのである[7]。

　福田の論じる「人間の復興」とは、生存と生活の基盤である生存権の確保、つまり、被災者の生存を守るための医療、生活再建のための住宅と仕事を最優

先させた復興の重視である。この考え方は、「最新のインフラを整備すれば、おのずと人々の暮らしも再生する」として、復興を「理想的帝都建設の為の絶好の機会」ととらえ首都の大改造をめざすという当時の復興院（総裁は岩手県出身の後藤新平）の「帝都復興論」に真っ向から対立するものであった。

　日本国憲法は 25 条 1 項で「すべて国民は、健康で文化的な最低限度の生活を営む権利を有する」と国民の生存権を保障している。福田の「人間の復興」は、このような考え方のなかった当時、生存権や営生権（労働権を含む生活の権利）を主張したものであり、阪神・淡路大震災や東日本大震災でも、多くの論者が、被災時にあっても憲法が保障する基本的人権、生存権は保障されなければならないとして、その継承・発展の立場に立って「人間の復興」に言及している。女性視点の被災者支援と災害復興もいうまでもなく、その一つである。

女性たちによる女性たちのための被災者支援

　関東大震災から学ぶべきことのもう一つは、女性視点の支援活動が展開されたことである。関東大震災が発災した当時の日本は、いわゆる「大正デモクラシー」期で、普通選挙制度を求める普選運動や言論・集会・結社の自由を求める政治的運動、部落差別解放運動、労働者の権利を要求する運動など、多様な運動が展開され、女性に関しても、女性の参政権獲得や公娼廃絶などの運動が活発に取り組まれていた時期であった。他方この時期は、そのような運動に対する弾圧が強められていた時期でもあり、大震災の混乱のなかで、朝鮮人や社会主義者、労働運動家などが暴動を企んでいるというデマが警察などによって流され、朝鮮人虐殺事件や、亀戸事件などの労働運動家弾圧事件、大杉栄・伊藤野枝虐殺事件などが起こされたことは周知のとおりである。

　こうした混乱と緊張の社会状況のなかで、震災発災直後から、自由学園の女子学生によるミルク配り、桜楓会（日本女子大学校の同窓会）による救援衣料の仕分けや布団の製作など、被災女性を支援する多様な活動が展開された。思想や立場の異なるさまざまな女性団体や女性たちが、シスターフッドの精神で大

関東大震災救援活動・自由学園女学生によるミルク配布

＊自由学園資料室提供

　同団結し、被災女性の支援にあたったのである。しかし、次第に一つの組織と
して行動することが求められるようになり、9月28日には東京連合婦人会が
発足した。10月の発会式には、宗教系の女性団体、学校の同窓会、婦人団体、
女性職業団体など多様な立場の42団体が参加した。この間の経過については
前掲書『女たちが立ち上がった』に詳しい。
　東京連合婦人会は、職業部、社会事業部、研究部（政治部、公娼廃止などの調
査研究と活動）、教育部（罹災者調査カードの作成、今後の女子教育の方針の検討な
ど）を設置して被災女性支援の活動を組織的に展開した。なかでも社会事業部
と教育部による罹災者調査カードを用いた実態調査、職業部による被災女性た
ちへの仕事・内職のあっせん、授産場の開設、児童相談、ふとんと衣類の縫
製・配布（ふとんと衣類の縫製は、被災女性の失業対策にもなり、「二重救済」とも

言われた）は特筆すべき活動だった。

　『婦女新聞』は 1923 年 11 月 25 日の巻頭言「婦人の力の発現」で、同会の活動を「関東大震災に際して、今まで全く無視せられていた婦人の力が発現したことは、日本婦人史の上に特筆すべき一大記録」であり、「東京連合婦人会が、この混雑の中に成立して、一片の規約もなしに直ちに救護の実行運動に努力したごとき最も著しい震災の婦人記録」、「婦人の活動がなかったら罹災者の救護はいき届かなかった」と述べている[8]。

　東京連合婦人会は、救援活動と併せ、児童保護、婦人労働、婦人の地位向上などに取り組むなど、当初から震災の被災者支援を超えた視野を持って活動していた。したがって同会は、震災で逃げ遅れた多数の公娼が焼死し、吉原の遊郭の営業が一時不可能となったことを機会に全国的に高まった廃娼運動や、普通選挙の実現が確実な情勢となったことに伴って大きくなった婦人参政権獲得運動の中心となって活動し、1926 年になると同会の中心的な活動はこれらにシフトしていった。1930 年 2 月の伊豆地方の大地震では被災者支援活動を行ったが、時代は次第に戦争への道を進み、1938 年に国家総動員法が施行されると同会の女性たちはその任務に就くようになり、結果として、会としての性格は大きく変化し、1942 年、東京連合婦人会は解散した。

2　阪神・淡路大震災——被災者視点での災害理論と女性視点での取り組みの誕生

　第二次世界大戦中や戦争直後も死者・行方不明者が 1,000 人を超える災害は頻繁に発生した[9]。戦時下では防災対策はほとんど取られず、国防上の理由から気象情報は秘密扱いとされ、地震や台風に襲われると甚大な被害が発生した[10]。

　戦後になると、日本国憲法の下で、災害が発生するたびにそれに対応する法律がつくられ、災害関連の法律は徐々に整備されていった[11]。しかしそれは、個々の災害に対応する形でつくられ、災害の後追い制度と言わざるを得ないも

のであった。1995年1月に発生した阪神・淡路大震災は大都市直下型の大地震で、多くの人口密集地が直撃を受け、死者6,437人（行方不明3人および関連死を含む）をだすなど[12]甚大な被害がもたらされ、わが国の災害対策と法制度の不備が明るみになった。その結果、被災者の人権を守る立場からの法整備を求める市民の声が高まり、1998年に市民の力を背景に議員立法で成立した被災者生活再建支援法（被災者への公費による現金支給を定めた初の法律）など、多くの法律が制定された[13]。

　また戦後、人権意識と市民による自発的な社会活動の高まりのなかで、災害時に被災者視点での災害復旧・復興や被災者支援、防災の自主的な活動が見られるようになった。この動きが顕著になったのも、阪神・淡路大震災以降である。この大震災では、市民たちによる自主的な復旧・被災者支援活動が大きく広がり、発災から1年間で延べ138万人のボランティアが駆けつけ、1995年は「ボランティア元年」とも言われ、1998年にNPO法（特定非営利活動促進法）が成立する後押しとなった[14]。

　阪神・淡路大震災は二つの点で新たな復興・防災の地平を切り拓く契機となった。一つは、「人間の復興」を中軸に据えた復興・防災の論理と運動の展開であり、もう一つは、女性視点による被災者支援の展開である。

阪神・淡路大震災と「人間の復興」の革新

　復興・防災の論理の新たな展開に関しては、関西学院大学災害復興制度研究所が、阪神・淡路大震災発災直後から、福田の「人間の復興」を継承・発展させた災害理論の構築に臨んだ。阪神・淡路大震災以前の日本の災害関連法制度では、被災者の生活再建を中心とした復興の視点がきわめて弱く、災害救助法（1947年制定）以外の復興に関する法制度はほとんど整備されていなかった。このことから同研究所は、災害復興基本法の必要性を主張し、福田の「人間の復興」をもとに、「一．被災地の自決権への配慮、二．復興の個別性への配慮、三．被災者の営生権への配慮、四．法的弱者の救済への配慮、五．コミュニティの継続性への配慮、六．一歩後退の復興への配慮、七．多様な復興

指標への配慮」を理念とした「災害復興基本法試案」（2010 年）を提起した[15]。

　同試案では「人間の復興」とはまずは「市民主権の獲得」であり、人間の尊厳を取り戻す営み、さらに被災地の自治を基調としながら、被災者個人の「自律」を回復することととらえられている。そのためには、被災者自身が望む生き方の選択肢が用意され、被災当事者が生き方を主体的に選択できる方策が模索されなければならない。そしてそのためには、被災者自身が復興の担い手となること、復興の意思決定の場に当事者自身が参画できる「市民主権の獲得」の道が開かれなければならない。被災者ファーストとボトムアップの復興こそが同試案の中軸である。

阪神・淡路大震災と女性視点による取り組み

　災害と女性というテーマにとって阪神・淡路大震災は極めて重要な位置を占めている。その第一は、災害による被害は男女によって異なることを実証的に明らかにしたことである。以下、被災から 1 年後に発行された『女たちが語る阪神・淡路大震災』（ウィメンズネット・こうべ編 1996）、被災者支援や被災女性相談などに携わった正井禮子、もりきかずみ等による報告集（ウィメンズネット・こうべ編 2005『災害と女性～防災・復興に女性の参画を～資料集』）などから紹介する[16]。そこには阪神・淡路大震災後に発生した災害で女性たちが遭遇した諸困難のほとんどすべてが出そろっている。

　まず、避難生活では、哺乳瓶や離乳食などのベビー用品、下着や生理用品などの女性用品が救援物資として提供されることがほとんどなく、女性たちを苦しめた。プライバシーのない避難所のあり方やトイレの問題などもこの時点で噴出していた。正井らは、その要因は避難所運営に女性の参画がなかったことにあると指摘している。

　また、被災後のさまざまなストレスから DV（当時は「DV」という言葉はまだ一般的ではなかった）が増え、しかもたとえば被災後同居を始めた加害者である夫の親から「息子を怒らせるな」と言われるなどの二次被害にも苦しめられた。性被害も多発したが、避難所の管理者からは「加害者も避難者、がまんし

てほしい」と言われたり、性被害を告発した女性たちに対するバッシングや「性被害があったというのはデマだ」という報道がなされるなど、深刻な状況が発生した。

　災害時に性別役割が強化されたことも指摘された。とくに、震災に伴う多世代同居で一挙に「大家族の嫁」の役割を担うことになった女性たちは心身に大変な苦労を強いられた。こうしたことから離婚相談が震災前の3倍に増えたとも報告されている。

　雇用に関しても男女の違いは顕著だった。1月には零細事業所、2月に入るとダイエー630人、そごう670人、カネテツデリカフード200人など、被災により自宅待機していたパートやアルバイトの大量解雇が相次いだ。不安定雇用者の多くは女性だったことから、震災にさいして失職したのも圧倒的に女性だった。

　このほか、シングル女性は被災以前以上に住宅を借りるのが困難だったこと、序章でも指摘されているように、震災による女性の死者が男性より1,000人ほど多く、犠牲者の多くは、耐震性の低い住宅に住んでいた低収入の高齢女性であったことなど、男女間の経済的格差や住宅格差も浮き彫りになった。また、平常時には見えにくかった世帯単位も女性に不利な制度であることが明らかになった。前述の1998年に制定された「被災者生活再建支援法」は、阪神・淡路大震災には遡及適用されず、代わりに同法と同じ措置を講ずるという付帯決議がなされ、兵庫県は「被災者自立支援金」制度を定めた。しかし、支援金の支給対象は被災した個人ではなく、被災した世帯主（＝家計の生計維持者）であったことから、被災当時は世帯主だったがその後再婚して世帯主でなくなった女性は支援金支給対象から外された。同様の場合、男性であれば多くは世帯主であり続けるため、このようなことは発生しない。東日本大震災のさいには、被災者への支援金、弔慰金など災害時の給付金の支給が世帯主（多くの場合は夫）あてになされ、その結果、DVや虐待状況にあって世帯主と別居している妻に、給付金が渡らないケースが多発し、大きな問題となった。

　他方、被災した男性たちは孤立を深め、仮設住宅で亡くなって発見された7

割は男性だったことなどにも被災状況の男女の違いはみられた。

　また、被災状況は男女によって異なるだけではなく、障がいや介護を必要と
する人、介護や子育てなどケアの担い手、そして外国籍の人など、被災者の属
性の多様性によっても異なっていた。ここでは外国籍の人の状況を見ておく。
震災当時、兵庫県の外国人登録者は 9 万 7,257 人、兵庫県全体の 1.18% が外国
籍住民だったのに対し、阪神・淡路大震災で死亡した外国人は 174 人（うち女
性は 102 人）、死者全体の 3.19% だった。外国籍の人がより多く犠牲者となっ
たのは、言語が原因で避難に関する情報が伝わらなかったことや、日常から地
域コミュニティのなかで孤立状況にあったことが大きな要因であると考えられ
ている。被災後の避難生活を送るにあたっても、住宅や就労のほか、文化や宗
教、生活習慣が異なる人々が避難所で生活することは難しかったこと、被災後
の混乱の中での医療の利用の仕方や出産の手続きがわからず困難をきわめたこ
と、日本人との結婚によるトラブルを抱えたこと、外国人に対する差別の高ま
りに対する緊張もあったことなど、大きな問題を抱えた。さらに被災者に対す
る支援や救済に関しても、言語の壁があり、英語の情報はあってもその他の言
語による情報がなく、支援を受けることができなかったり、法律や制度上、外
国人が救援の対象に入っていなかったりと不利益をこうむった。

　こうした外国人被災者に対して支援を行ったのは、「神戸外国人救援ネット」
や「アジア女性プロジェクト」など、大震災前から地域で暮らす外国人を支援
していた支援グループであった。韓国・朝鮮人をはじめ、ベトナム人などが暮
らす地域では、地域の避難所情報や被災者サービス、復興住宅情報などをそれ
らの言語で放送するボランティア FM が活躍したことも知られている。阪神・
淡路大震災は、女性視点での被災者支援だけでなく、外国人をはじめ、多様性
を持った被災者への支援の道を切り開くきっかけとなったのである[17]。

　第二は、女性たちによる被災女性支援が発災当初より取り組まれ、その後も
継続的に展開されたことである。阪神・淡路大震災後の女性たちの動きは目覚
ましかった。『女たちが語る阪神・淡路大震災』によると、発災から 1 か月後
には女性支援ネットワークが発足し、洗濯機や自転車などを集めて避難所へ送

る活動を始めると同時に、3月には女性のための電話相談を開始した。1995年の阪神・淡路大震災発生直後に女性支援ネットワークを立ち上げ、"女性のための電話相談"や女性たちだけで語り合う"女性支援セミナー"、"乳幼児を連れたお母さんの集い"などを開催した。電話相談の6割はいわゆるDVだった。性暴力についての相談も多かったという。こうした支援活動と同時に、女性たちは被災女性たちが語りあう場を設け、被災状況とニーズの把握に努めた。

　女性たちはこうした状況や被災者の声を、「阪神・淡路大震災復興計画」に盛り込もうと、「男女共生のまちづくり推進会議」を立ち上げて「提言」を発表した。また、被災女性たちの思いや体験をまとめ、1996年1月には『女たちが語る阪神・淡路大震災』を刊行し、全国に向けて情報を発信した。

　第三は、阪神・淡路で女性支援に携わった女性たちが、その体験と教訓をもとにその後の災害で女性支援に取り組んでいることである。

　こうした取り組みを進めるには、市民同士だけでなく、市民と行政とのつながり、市民協働が必要であり、活動するための資金の調達や経営能力も必要である。女性たちはこうした支援活動に必要な仕組みづくりや担い手づくりにも携わった。また、年月が経過して被害の痛手が個別化し、支援制度の谷間に入って取り残される人が出てくると、こうした被災者を救済するために県市町村生活支援委員会を立ち上げ、個別支援にあたった。女性たちは、被災者支援に必要なあらゆることを自分たちの手で一からつくりあげる手立てを尽くした。そしてこうした経験は全国の女性たちに受け継がれていった。

3　災害と女性をめぐる国内外の動きと東日本大震災以降の女性たちの動き

災害に女性視点を──国内外の動き

　阪神・淡路大震災をめぐる女性たちのこうした動きの背景には、災害と女性をめぐる国内外の動きがあった。

　国際的な動きの中心となったのは国連である。国連は、多発する大規模自然

災害を重視し、1972 年に取り組みを開始した。1990 年からの「国連防災の 10 年」以降この取り組みは本格化し、その中間年の 1994 年に、横浜市で第 1 回国連防災世界会議を開催した。この会議で採択された、災害対策に関する初の国際的な文書「横浜戦略——より安全な世界に向けて」には、災害に強い社会の構築の重要性とともに、女性の力の重要性が明記された。阪神・淡路大震災が発生したのはその翌年であった。

　また、2000 年の第 23 回国連特別総会（北京＋5）では、防災・減災・復興・人道支援にジェンダーの視点を導入する勧告がだされ、2002 年の第 46 回国連女性の地位委員会では、災害時の困難や被災状況は男女で異なり、ジェンダーの不平等は災害脆弱性の根本原因の一つであること、したがって災害に強い社会をつくるためにはジェンダー平等が不可欠であることが確認されるなど、災害時の女性視点の重要性が繰り返し確認された。

　こうしたなかで、2004 年 12 月に発生したスマトラ島沖地震（M9.1）では、女性支援団体が被災地に入り、被災女性の状況を調査した。その結果、ある被災地では女性は生存者の約 4 分の 1 しかいなかったこと、被災女性への結婚強要、レイプや暴力が増大していること、被災女性たちが必要とする生活用品の入手が困難であること、危険な状況での出産など妊産婦の健康被害が多発していること、多くの女性たちが失業や生活困難を抱えていること、避難所の運営管理や復興のプロセスから女性が排除されていることなどが明らかになった。この調査報告書は全世界に発信され、災害時の女性視点の重要性がより認識されるところとなった[18]。

　その後、災害時の女性視点の重要性は、より実効性を確保する方向で深められ、2005 年開催の第 2 回国連防災世界会議で採択された「兵庫行動枠組」では、「あらゆる災害リスク管理の政策・計画の意思決定過程にジェンダーの視点を導入すること」、また、東日本大震災後の 2012 年開催の第 56 回国連女性の地位委員会では「自然災害におけるジェンダー平等と女性のエンパワメント」が明記されるなど、意思決定過程における女性の参画や女性のエンパワメントの必要性が指摘された。これは、災害時に女性視点が生かされるために

は、直接的な被害への対応だけでなく、平時における対応や意思決定の場における女性の参画が不可欠であることが災害時の経験から明らかになった結果である。

　女性視点は本来的に多様性や弱者への配慮の視点をもっている。したがって、災害時における女性視点は、災害に脆弱な人々や多様性をもった人々への配慮や被災当事者の視点の重視へと広がる契機となった。2015年3月、東日本大震災地である仙台で開催された第3回国連防災世界会議で採択された「仙台防災枠組」で、女性と若者を含む多様性に配慮した視点の重要性が強調されたが、これは必然的な成り行きであった。また、「仙台枠組」では地域コミュニティの重要性が明記されたが、これは、同会議で多数の被災地の市民や市民グループが参加し、東日本大震災での市民レベルでの経験が発信・共有されたことを反映した結果でもあった。

　こうした国際的な動きと連動して、国内でも国レベル、地方自治体レベルの防災政策への女性視点の導入が進められた。阪神・淡路大震災では災害時の女性の課題が明らかになったが、2004年の新潟県中越地震では、女性視点での具体策が初めてとられ、被災地への女性職員の派遣、女性相談窓口開設、女性被災者調査が国によって実施された。以後、2005年の国の「第2次男女共同参画基本計画」で新たな取り組みを必要とする分野として「防災分野」が加えられ、第3次、第4次の「男女共同参画基本計画」でも、被災時の「男女のニーズの違いへの配慮」、「多様性の配慮と多様な人々の意思決定への参画」、「防災関連の施策決定過程への女性の参画」が明記された。また、国の「防災基本計画」（2005年）にも、男女双方の視点の重要性が記載されるなど、災害時の女性視点の導入は、防災分野と男女共同参画分野の横断的な連携のもとに進められるようになった。

東日本大震災とその後の災害と女性

　東日本大震災以降の女性たちの状況については、第2章、第4章、第6章で詳しく述べられるが、災害時の女性たちの取り組みは、国際的な取り組みと連

携しつつ、阪神・淡路大震災で築かれた災害復興の理論と実践を土台に活発に進められた。

　周知のように、2011 年 3 月 11 日に発生した東日本大震災は M9.0 の巨大地震で、岩手、宮城、福島を被災 3 県としつつも、被害は 12 都道県におよび、死者・行方不明者が約 1 万 8,000 人に達するなど、甚大な被害がもたらされた。しかも、巨大地震に伴って巨大津波や福島第一原発事故が発生し、被災状況や被災者のニーズは一律ではなく、地域や性別、年代、生活環境などによって一人ひとり異なっていた。長年にわたり女性のための活動に取り組んでいた被災地の女性たちは、これまでの活動を手がかりに、女性用の生活用品の提供、乳児を抱えた母子への支援、安全な避難所づくり、洗濯支援、固定的な性別役割や DV・性被害の防止、雇用や生業の喪失への対応などに取り組むと同時に、放射能災害への対応や、長期にわたる広域避難者、障がい者、要介護者、外国人や LGBT の人たちなど、多様な困難を抱えた被災者たちへの支援を、創意工夫のもとに進めた[19]。

　注目したいのは、こうした支援が女性たちの多様なネットワークによって実現したことである。女性たちは被災前のネットワークをもとに、被災各地で、被災者間、グループ間の支援ネットワークを形成、さらに地域を超えたネットワークへと広げた。しかもその多くは、支援する側／支援される側がともに被災者であり、相互に支援しあう関係にあった。このことは、双方に被災者視点での支援力と受援力[20]を育み、結果として新たな支援関係を切り拓くこととなったのである。

　他方、女性視点での被災者支援や災害復興のための全国組織の存在も忘れてはならない。発災から 1 か月後の 4 月には、全国 47 都道府県の女性団体・個人からなる「災害・復興と男女共同参画ネットワーク」がつくられ、男女共同参画の視点による災害・復興政策を推進する活動が展開された。また、5 月には「東日本大震災女性支援ネットワーク」が、さらに 2014 年には同ネットワークの一部のメンバーによって「減災と男女共同参画　研修推進センター」が創設され、今日にいたるまで男女共同参画・ジェンダーの視点を取り入れた

防災（復興）対策・体制の普及活動が行われている。阪神・淡路大震災および東日本大震災で得られた教訓がその後の熊本地震をはじめとする災害で生かされているのは、各地域の女性たちの取り組みとあわせ、男女共同参画センターやこうした全国組織の存在があってのことだと言えよう。

　女性視点での取り組みを進めるなかで、女性たちはさまざまな壁に突き当たった。災害時の女性リーダーの必要性を痛感した女性たちは、女性センターや教育機関と連携しつつ、女性防災リーダー養成講座などの女性のエンパワメントに取り組んでいるし、女性リーダーが力を発揮できる地域をつくる必要性を痛感した女性たちは、女性視点での地域コミュニティづくりに取り組んでいる。とは言え、取り組みは始まったばかりである。

おわりに──今後の課題

　ここまで災害と女性をめぐる状況の概要を見てきた。深刻な犠牲と引き換えに得られた貴重な教訓はいずれも、被災者支援・災害からの復興・レジリエント[21]な国・地域社会の構築の根底には、被災者には平時と同様に尊厳ある生活を営む権利があるということ、だからこそ復興の要は何よりも「人間の復興」だということ、そして災害における女性視点はその中核に位置するものだということであった。

　こうした認識がグローバルな規模で共有されつつあるにもかかわらず、そして災害時に女性たちが必死に貴重な教訓を蓄積してきたにもかかわらず、東日本大震災以降も、災害への対応にはなお多くの課題が残されている。

　頻発する災害時に設置される避難所にそれは端的にあらわれている。国際レベルでは、被災・避難者・難民の人道的支援として1997年に「スフィア基準」がつくられた（序章参照）。これは避難所の最低基準を定めたものであり、給水、トイレ、衛生、食糧・栄養、雇用・収入機会、避難施設・住宅再建・生活用品、保健などについて具体的に定めている。「スフィア基準」は海外の災害支援では広く活用されており、日本でも熊本地震以降、一部で活用されるよう

になってきてはいるものの、旧態依然とした状況の避難所は少なくない。

　その他、女性防災リーダーの育成、女性や多様性を抱えた当事者が活躍でき
る地域コミュニティの構築、避難所の管理運営や防災・復興に関わる政策など
の意思決定の場への女性と当事者の参画、女性に不利な世帯主義的な救済・支
援制度の改善、自主避難・広域避難者への支援、男女別統計の取り方など、女
性視点での防災・災害の諸政策に関しては、多岐にわたる課題が山積してい
る。それらについては、終章で検討することとしたい。

【注】
（1）　NNA アジア経済ニュース https://www.nna.jp/news/show/1982959（2020.11.6
　　　アクセス）。
（2）　「災害対策基本法」第 2 条一項では、災害を以下のように定義している。
　　　「災害　暴風、豪雨、豪雪、洪水、高潮、地震、津波、噴火その他の異常な
　　　自然現象または大規模な火事もしくは爆発その他その及ぼす被害の程度に
　　　おいてこれらに類する政令で定める原因により生ずる被害をいう。」交通事
　　　故などの事故災害や火災、放射能災害などは政令で定められていることか
　　　ら、自治体が定める地域防災計画では防災の対象とされている。新型コロ
　　　ナ感染拡大は政令で自然災害と定められておらず、現在は災害対策基本法
　　　の対象外であるが、激甚災害法の災害特例の適用は可能だとの説もあ
　　　る。（日本経済新聞 2020 年 5 月 18 日）
（3）　津久井進 2012、北原糸子 2016 参照。
（4）　折井美耶子・女性の歴史研究会編著 2017。
（5）　女工たちのケースは、折井美耶子・女性の歴史研究会編著 2017 のほか、
　　　細井和喜蔵 1954 参照。
（6）　福田徳三研究会・磯野幾久子編 2016。
（7）　前掲書。
（8）　『婦女新聞』は、1900 年から 1942 年まで発行された女性週刊紙で、「男女
　　　が人格的に対等である意義を明らかにし、女子の能力を自由に発揮せしめ
　　　るため、教育職業及政治経済上の機会均等を主張する」という趣旨に基づ
　　　いて、公娼廃止・母性保護・女子教育・婦人参政権など、女性をめぐるさ
　　　まざまなテーマを報道、論評した。

（9）　たとえば、1942 年の台風 16 号では 1,158 人、1943 年の鳥取地震では 1,083 人、1943 年の台風 26 号では 1,461 人、1944 年の東南海地震では 1,223 人、1945 年 1 月の三河地震では 2,306 人、戦争直後の 1945 年 9 月の枕崎台風では 3,756 人、1946 年の昭和南海地震では 1,443 人などの死者・行方不明者が発生した。

（10）　朝日新聞 2020 年 8 月 22 日付け社説「天気予報のない時代」。

（11）　たとえば、災害救助法は、1946 年の昭和南海地震を契機に 1947 年に制定されたし、水防法は、1945 年の枕崎台風、1947 年のカスリーン台風の水害を受けて、1949 年に洪水や高潮に対して防御を図るために制定された。建築基準法は、1948 年の都市直下地震の福井地震（建物の全壊率 60 ％超）を受けて、建物の安全性確保のために 1950 年に制定されたが、1978 年の宮城県沖地震で家屋倒壊・ブロック塀の下敷きで死者が発生したことを契機に、1981 年に改正され、明確な耐震基準が盛り込まれた。災害対策の根幹である災害対策基本法も、死者・行方不明者 5,098 人をだした 1959 年の伊勢湾台風を契機に、1961 年に制定された。

（12）　死者数が確定されたのは 2006 年 5 月消防庁の「確定報」によってであった。いのうえせつこ 2008 年では、震災犠牲者の特徴とあわせ、死者の確定が遅れた背景についても考察がなされている。

（13）　被災者生活再建支援法の成立の経過と内容に関しては、神戸大学震災復興支援プラットフォーム編 2015、塩崎賢明・西川榮一・出靴俊一・兵庫県震災復興研究センター編 2015 参照。

（14）　村井雅清は「ボランティア元年」の意義を、柳田邦男、加藤周一の言葉をあげ、「硬直化した社会の仕組みの隙間を埋めつつ、これまでの仕組みの解体・再構築を図ろうとした」こと、多様な人たちによるボランティア活動は、「被災者一人ひとりに寄り添った多彩な活動を展開しつつ、被災者との関係を紡ぐことにある」と指摘している。村井雅清「ボランティアの 20 年——神戸からの提言」塩崎賢明・西川榮一・出靴俊一・兵庫県震災復興研究センター編 2015 所収。女性たちの被災者支援活動はこうした流れと連動して発展していった。

（15）　関西学院大学災害復興制度研究所 2010。

（16）　ウィメンズネット・こうべ編 1996、ウィメンズネット・こうべ編 2005、アジア女性資料センター 2005、清原桂子 2006「防災・災害復興に活かす女性の視点・女性の力——阪神・淡路大震災後の 10 年」『国立女性教育会館研

究ジャーナル』vol.10、所収、正井禮子 2014 を参照。

(17)　外国人の状況については、（注 13）（注 16）の文献のほか、西尾祐吾・大塚保信・古川隆司 2010『災害福祉とは何か』ミネルヴァ書房、を参照。

(18)　「スマトラ沖地震被災国における女性の人権問題」2005 年 3 月。なお、国連をめぐる動きに関しては、東日本大震災女性支援ネットワーク・研修プロジェクト編 2013、スティール若希・大沢真理編 2013 を参照。

(19)　みやぎの女性支援を記録する会 2012、浅野富美枝 2016 を参照。

(20)　受援力とは、他者からの援助を受け入れる力のことで、臨床心理の現場で「援助希求能力」「援助要請能力」などの言葉で用いられていたが、東日本大震災以降、災害時のボランティアを含めたさまざまな支援を受け入れて活用するための自治体や地域の力、さらには被災者の力を意味する言葉として用いられている。吉田穂波 2016、NHK クローズアップ現代取材班 2010 参照。

(21)　災害関係で用いられるレジリエンス（resilience、レジリエントは形容詞）は、「強靭性」「回復力のある」と訳されることが多く、「困難な状況下でも、基本的な機能などを保持し、また、災害からの悪影響に対し対抗できる強い芯を持ち、しなやかに回復できるシステム、コミュニティ、個人および社会の力」（松本淳 2016）という意味で用いられている。

【参考文献】

浅野富美枝 2016『「人間の復興」を担う女性たち──戦後史に探る力の源泉』生活思想社

アジア女性資料センター 2005『女たちの 21 世紀』第 42 号

いのうえせつこ 2008『地震は貧困に襲いかかる』花伝社

ウィメンズネット・こうべ編 1996『女たちが語る阪神・淡路大震災』

ウィメンズネット・こうべ編 2005『災害と女性〜防災・復興に女性の参画を〜（資料集）』

NHK クローズアップ現代取材班 2010『助けてと言えない──いま、30 代に何が』文春文庫

折井美耶子・女性の歴史研究会編著 2017『女たちが立ち上がった──関東大震災と東京連合婦人会』ドメス出版

関西学院大学災害復興制度研究所 2010『災害復興研究』Vol.2

北原糸子　2016『日本震災史』ちくま新書

神戸大学震災復興支援プラットフォーム編　2015『震災復興学――阪神・淡路20年のあゆみと東日本大震災の教訓』ミネルヴァ書房

塩崎賢明・西川榮一・出口俊一・兵庫県震災復興研究センター編　2015『大震災20年と復興災害』クリエイツかもがわ

スティール若希・大沢真理編　2013『ジェンダー、多様性、東北復興――3年目に続くガバナンスの機会と課題』東京大学社会科学研究所

津久井進　2012『大災害と法』岩波新書

東日本大震災女性支援ネットワーク・研修プロジェクト編　2013『男女共同参画の視点で実践する災害対策―テキスト　災害とジェンダー〈基礎編〉』

福田徳三研究会・磯野幾久子編　2016『福田徳三著作集　第17巻　復興経済の原理及若干問題』信山社

細井和喜蔵　1954『女工哀史』岩波文庫

正井禮子　2014「災害と女性の人権――阪神・淡路大震災の経験は活かされたのか」荻野昌弘・蘭信三編著『3.11以前の社会学』生活書院、所収

松本淳　2016『市民のための仙台防災枠組2015–2030』防災・減災日本CSOネットワーク（JCC-DRR）

みやぎの女性支援を記録する会　2012『女たちが動く――東日本大震災と男女共同参画視点の支援』生活思想社

吉田穂波　2016『受援力ノススメ』（受援力パンフレット）

●第**2**章●

東日本大震災・宮城県の女性被災者支援と地域防災の取り組み

宗片惠美子

はじめに——人間の復興はすすんでいるか

　私が所属する特定非営利活動法人イコールネット仙台は、2003年設立以来、仙台市を拠点に男女共同参画社会の実現に向けて幅広い活動に取り組んでいる。

　東日本大震災発生から10年目に入り、イコールネット仙台の防災・災害復興にかかる取り組みも10年目を迎えた。この間、被災地での活動を通して多くの女性たちとの出会いがあった。「支援する」「支援を受ける」関係を超えた女性たちとのつながりは今なお続いている。しかし、果たして、被災地で暮らす一人ひとりの復興は果たされているのか。女性たちの姿からは必ずしもその実感が伝わってこない。

　そして今、新たな災害が発生している。新型コロナウイルス感染拡大により日本中が、世界中が、いまだかつてない困難のなかにいる。イコールネット仙台では、さっそく、2020年6月「新型コロナウィルス禍が女性に及ぼす影響」に関する調査を実施した。結果、非正規職で働く女性たちの雇用や収入の不安定さ、ステイホームが奨励されるなかで家族のケア役割をひたすら担う女性たち、孤独感や不安感に悩むひとり暮らしの高齢者等々、震災時と類似した女性

たちの現実が明らかになった。今、災害は様々に形を変えて私たちの暮らしを脅かしている。そのなかで、私たちにはいったい何ができるのか。私たちは何をしなければならないのか。今歩みを止めて考えたい。

1　東日本大震災を振り返る

私たちに何ができたのか──避難所・仮設住宅・地域において

今回、震災から10年目を機に、イコールネット仙台の防災・災害復興に関する活動を検証し、成果と評価、残された課題、次なるステップに向けた取り組みを探る。

イコールネット仙台の防災・災害復興にかかる活動は、2009年にさかのぼる。1995年に発生した阪神・淡路大震災において、女性たちが様々な困難を抱えたことが明らかとなり、災害・復興対策に女性の視点が必要であることが強調された。そこで、イコールネット仙台では、30年以内に宮城県沖地震の発生確率が99%という政府の発表を受け、仙台市内の1,100人の女性たちを対象に、「災害時における女性のニーズ調査」を実施した。結果、69.6%の回収率のもと、災害を想定したさいに女性たちが抱える不安や心配が数多く寄せられ、それらを「女性の視点からみる防災・災害復興対策に関する提言」にまとめ、提言活動をすすめた。

2011年3月、東日本大震災の発生に伴い、私たちは、この調査結果をもとに、避難所・仮設住宅で被災女性に対する支援活動・調査活動にいち早く取り組んだ。宮城県内の避難所（仙台市内4か所、宮城県内7か所）に出向き、女性たちから聞き取りをして、必要な支援につなぐ活動を始めた。避難所内には様々な課題が生じていた。高齢者、障害者、妊産婦、乳幼児など、多様な住民が避難するなか、とくに、女性たちは空間、運営、物資等々について多くの困難を抱えていた。空間については、「授乳室・男女別更衣室・プライベート空間・仕切り・男女別物干し場」などの要望、物資においても下着・衛生用品・化粧品を希望する声が多数あった。何より、津波による被災で着の身着のまま

で避難した人たちからは、衣類も限られ、下着も使い捨て、洗濯ができないという声が上がっており、それに応えて、（公財）せんだい男女共同参画財団が立ち上げた「せんたくネット」（「せん」だいの女性たちが被災した女性の本音を「たく」さんくみとって、一緒に解決する「ネット」ワーク）に協力をして、洗濯代行ボランティアにも取り組んだ。全国の女性たちからの支援で、要望に沿った下着や衣類を届けることもできた。課題は運営である。避難所の運営責任者はほとんど男性が中心で女性の声が届きにくい現実があった。まだまだ防災や災害分野は男性の領域という考えが根強い。そうしたなか、わずかに女性リーダーが運営責任者として携わっている避難所もあり、避難している女性たちの表情が穏やかであったことが強く印象に残っている。

仮設住宅集会所でのお茶会の開催

　仙台の場合、避難所生活は、3 月 11 日から 7 月末まで 4 か月以上に及んだ。その後、仮設住宅での生活が始まったが、長期にわたる避難所生活の影響で心身にダメージを受けている女性たちも多く「眠れない」「食欲が出ない」「気持ちが沈む」等々の訴えが多く寄せられていた。そこで、私たちは、仮設住宅の集会所で企業や農家と連携してのマッサージや野菜の産直市、手仕事の会やお茶会を行った。その時間だけでも気持ちが晴れてほしいと思った。そして、「3.11」を経験したのは仮設住宅に住む人ばかりではない。家も家族も無事だったけれど「あの日、背中に子どもを背負って夢中で津波から逃げた」「高齢の義母をリヤカーに乗せて避難所まで走って連れて行った」など、それぞれに必死な体験をしていた。私たちは、地域の公民館や児童館を会場に、子育て中の母親や家族介護の担い手となった女性たちなど、対象を絞っての語り合いサロンを開催した。「経験をことばにすることで気持ちが楽になる」という言葉が共通して聞かれ、災害が人の内面に与える影響がどれほど大きいものか、その後の活動をすすめるうえで重要な視点となった。

2 調査にみる女性たちの現実

女性たちは震災を体験し、何を考え、どう行動したのか

　イコールネット仙台では、2011 年 9 月—10 月、宮城県内 3,000 人の女性たちを対象に「東日本大震災に伴う『震災と女性』に関する調査」を実施した。被災地で女性たちが何を体験し何を考え、どう行動したのか、記録として残すとともに、被災時・復興時における女性たちの課題解決に向けた資料として行ったもので、結果 1,500 人の女性たちの協力があり、その結果を「男女共同参画の視点からみる防災・災害復興対策に関する提言」として、全国発信した。

　調査では、①震災に伴う家族構成や居住地の変化、②自宅の被災状況・生活の場の変化、③避難所における生活状況、④震災直後・震災後・現在の困難、⑤復興計画策定の議論の場への女性の参画の必要性、⑥復興計画に盛り込むべき内容などを聞いている。とくに、避難所に関する設問については、多くの声が寄せられ、その後の避難所運営に関する活動におおいに役に立った。避難所内での不安については、「集団によるストレス」や「衛生環境が良くない」などの数値が高い一方、「女性ならではの要望が言いにくい」「女性のリーダーがいない」などの自由回答も多くみられた。

　また、避難所生活を経験して感じたことについての設問では、「プライバシーがないため、家族で大事な話ができない」「ペットの毛やほこりで、アレルギーを起こしかゆみやせきがひどかった」「歩行困難の祖母を連れていたので、トイレが困った」「乳児を連れて避難。母乳が止まり、ミルクをあげようにもほ乳びんもミルクを溶かすお湯もなく困った」などの記述があり、支援を必要とする避難者に必要な支援が届かなかった現実が浮かび上がった。

家族・仕事・地域・健康についての調査

　女性たちが直面した課題は避難所においてだけではない。震災に伴い抱えた困難に関して「家族」「仕事」「地域」「健康」の 4 分野について聞いている。

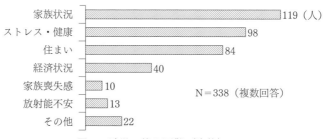

図1　震災に伴う困難〈家族〉

＊家族の持病が悪化し、介護が必要になり、仕事に出られない。
＊被災した親や親戚との同居で負担が大きい。
＊家族関係のストレスから衝突が多くなる。
＊親戚宅に避難し気遣いが多い。
＊子どもが震災の恐怖で離れたがらない。
＊子どもが不登校になった。

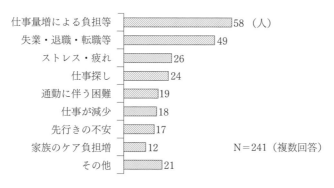

図2　震災に伴う困難〈仕事〉

＊職場が被災し、解雇となった。仕事が見つからない。
＊正規社員からパートに切り替えられた。
＊採用が延期された。
＊仕事が激減し、収入が減ったうえ、退職するスタッフが増え、負担が大きくなった。
＊震災を体験し、家族を守れるのは自分しかいないと思い、退職することとした。

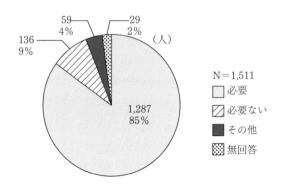

図3　復興計画の策定の議論の場に女性の参画が必要か

表1　復興計画に女性の視点を反映させるために盛り込むべき内容は（回答の多い順）

①障がいのある人、妊産婦、病人、高齢者、子どもなどのニーズをふまえたきめ
　細かなサポート体制を整備する。
②女性の地域防災リーダーや災害復興アドバイザーを育成し、地域に住む人々の
　支援体制を実効性のあるものにする。
③女性の視点に配慮した避難所運営マニュアルをつくる。
④避難所や仮設住宅の運営に女性の参画が必要であることをマニュアル化する。

「家族」においては、震災同居、家族離散、家族介護が女性たちを圧迫してお
り、「仕事」に関しては、失業・退職・転職などがつきまとっていた（図1、
図2）。「地域」については、被災した地域の変貌ぶりを嘆く内容や、地域コ
ミュニティの大切さを指摘する記述が多い一方、シングル女性や働く女性たち
は日常的に地域活動への参加が難しいため、地域でのコミュニケーションが十
分にとれず避難所や仮設住宅で居心地の悪さを経験していた。「健康」の分野
では、「ストレス・不安・恐怖」を訴える内容がもっとも多く、状況の変化に
伴い、喪失感や不安感が深くなっている様子が明らかになった。震災体験は女
性たちの心やからだに深刻なダメージを与えていた。
　しかし、女性たちは弱者ではない。被災者であっても自ら支援者として、地
域で、避難所で、仮設住宅で被災者支援に取り組んだとの回答も多い。そして
復興計画策定の議論の場への女性の参画の必要性を問う設問では85％が「必

要」と答えている（図3）。復興計画策定の場だけではない。実際、防災会議を
はじめとする防災・災害復興にかかわる意思決定の場には女性の委員は極端に
少ない。震災で経験した多くの困難を繰り返さないためにも女性たちは発言し
ていかなければならない。この数値は、まさに女性たちの体験に基づいたもの
だ。

女性も地域を守る役割を──地域防災リーダーの必要性

　復興計画に盛り込むべき内容に関して注目した点は、2番目に回答の多い
「女性の地域防災リーダーや災害復興アドバイザーを育成し、地域に住む人々
の支援体制を実効性のあるものにする」であり、地域を災害から守る役割を女
性たちも率先して担う必要があると女性自身が自覚した結果であると理解し
た。頼もしく心強い結果だ（表1）。実際、マンパワーとして地域を支えてい
る多くが女性たちであるにもかかわらず、リーダーシップを発揮する場は男性
たちで占められていることが多い。この調査結果がイコールネット仙台のその
後の活動に引き継がれていく。

40人への聞き取り調査

　さらに、本調査の一環として、宮城県内の女性40人に対して聞き取り調査
を行っている。協力してくれた女性たちのライフスタイルは多様だ。自治体職
員、教員、保健師、看護師、介護士、障害のある方、学生、セクシュアルマイ
ノリティ、シングルマザー等々。それぞれがそれぞれの場所で体験した「3.11」
は想像をはるかに超えるものだった。障害を抱え、雪の降るなか、車いすで途
方に暮れたという人、ガレキのなかを必死で行方不明の父親を捜しまわったと
いう人、自宅を津波で失い、農機具や田植え機械のローンだけが残ったと嘆く
人。避難所では新聞紙で暖をとり、生理用ナプキンの代わりに猫のトイレシー
トを使ったと語る人もいた。想像を超える時間に圧倒されながら聞き取りは続
いた。そして震災から5年後の2016年、再度、同じ女性たちにこの5年間の
変化について聞き取り調査を依頼した。しかし、了解してくれたのは20人。

「震災のことはもう思い出したくない」「震災以来、体調を崩し、入退院を繰り返している」などの理由で、聞き取りが困難な人も少なくなかった。5年という月日が流れても、震災がもたらす影響は重く深く存在していることを改めて思い知った。一方で、自分が暮らす町の復興に力を尽くしたいと前向きに語る女性たちがいたことは、何よりも救いであり希望につながった。

3 　災害から地域を守る女性を育てる

女性の防災エンパワメントに向けて

　イコールネット仙台は、これらの支援活動や調査活動をふまえ、女性たちが地域防災の担い手としてリーダーシップを発揮する必要があるとして、2013年〜2015年、仙台市内の女性を対象に、「女性のための防災リーダー養成講座」（表2）を実施し、3年間で100人の人材を育てようと取り組んだ。この100人の女性たちが、地域において確実に防災にかかわるリーダーとして貢献してほしいという期待を込めての開催だった。その先には、まちづくりの担い手としての可能性も視野に入れた。

　内容は、5回の連続講座の「振り返り編」とその後、講座で身に付けた情報・知識・スキルを活かして、自らの地域で取り組む「実践編」の2部構成で、振り返り編は男女共同参画の視点をふまえ、実践につながるプログラムを用意し、全回参加を条件とした。参加募集に応えてくれた女性たちは、毎年定員を上回った。これは、自ら地域防災の担い手としてリーダーシップを発揮しようという女性たちの意気込みの結果で、仙台市内にとどまらず、宮城県内からも参加者が集まった。その後、仙台市以外から参加した女性たちがパイプ役となり、東松島、石巻、大崎、岩沼、塩釜などで同様の講座を開催することができた。

　講座終了後、受講生たちは、女性防災リーダーネットワークを立ち上げ、研修や情報交換の機会を重ねながら地域での活動に力を入れている。そこには、知恵・人材・情報・アイディアを活かしながら、ネットワークならではの相乗

表2　女性のための防災リーダー養成講座

No.1	なぜ、防災・減災に女性の視点が必要か！
No.2	地域防災計画を知ろう！
No.3	震災で起きていること　DV と児童虐待
No.4	障害の特性と対応を知ろう！ 震災後の心のケアに取り組む
No.5	「災害時、こんな時の対応は…」避難所ワークショップ

効果が生まれている。女性・地域住民など対象別の防災力 UP 講座の開催、とくに、次世代の防災意識を育てようと、地域の小中高生を対象に実施している避難所づくりワークショップは好評である。今や、こうした活動が評価され、女性たちは、避難所運営委員会委員や地域防災会議委員に登用されるなど、地域に必要な人材として力を発揮している。

町内会が女性防災リーダー養成講座に乗り出す

　さらに、このイコールネット仙台の人材育成に注目して、独自に地域で女性防災リーダーの養成講座に取り組む町内会も登場した。仙台市内の北仙台地区連合町内会（20 町内会を含む）で、2017 年から 2020 年で 4 年目の取り組みとなる。イコールネット仙台も講師やファシリテーターとして講座の応援をさせてもらっており、こうした町内会の動きは、女性たちの活動の場が地域に保障されている点でより望ましい形であり、地域で人材を育て活かすという流れが今後も広がってほしいと思っている。

　このように、多様な視点をもって地域の防災に取り組む女性たちが男性にも影響を与えながら、地域に必要な存在になっていることは、イコールネット仙台の活動のおおいなる成果と言える。しかし、女性防災リーダーの養成は、今全国で実施されているが、養成後の人材活用が課題であり、フォローアップの機会はもちろん、活用の道筋が整備されていく必要がある。

　2015 年、仙台市で開催された「第 3 回国連防災世界会議」で採択された国際的な防災指針「仙台防災枠組（2015—2030）」では、これまで防災分野で大き

女性のための防災リーダー養成講座・2004 年（筆者提供）

な発言権がなかった多様な集団に「被災者」としてのみでなく「リーダーシップ」を発揮する人として焦点が当てられ、とくに、女性・若者のリーダーシップの重要性が盛り込まれた。さらに、災害リスク管理に人権保障が位置づけられた点は、活動をすすめていくうえで大きな拠りどころとなっている。

4　震災の「記憶」「経験」を伝える

「ししゅうで伝える『わたしの物語』―東日本大震災の記憶」の取り組み

　災害が多発する国で暮らす私たちは、災害から多くを学び、多くの教訓を得て、備えにつないできた。そして、震災を経験した私たちには「記憶」を「経験」を後世に伝えていく責任がある。風化させてはいけない。

　そこで、2018 年、仙台市内の被災地で暮らす女性たちとともに「ししゅうで伝える『わたしの物語』―東日本大震災の記憶」に取り組んだ。「伝える」手法は様々にあるが、これは、25cm 四方の布に自らの体験をししゅうで表現

するもので、モチーフは一人ひとりの記憶にある「風景」であり、「物語」だ。

　フリー刺繍画家の天野寛子さんを講師に制作に向けた連続講座を開催し、受講生から提供された35点の作品は4ｍに及ぶタペストリーとして完成した。「震災の夜、津波から逃げ遅れた家族が1本のろうそくを囲んでいる様子」「津波で流された集落の小さな神社」「被災して解体されてしまった学校の校庭に唯一残った桜の木」（カバー裏・袖参照）等々、作品の一つひとつの背景には計り知れない悲しみや悔しさややりきれなさがあった。

　制作にあたった女性たちからは、「自宅も畑も津波で失い、辛さとなつかしさで何ともいえない気持ちになった」「震災当時を思い出したくなかったけれど、針仕事が好きで、仲間と一緒だったので、何とか仕上げることができた。伝える役割を少し果たせたかなと思っている」などの声があった。一方で、完成間近の時期に「いろいろ思い出して、もうこれ以上針が進まない。提出はあきらめたい」という人もいた。私たちが一番危惧していたことだった。胸の内を推し量ることはできても、かける言葉は見つからない。私たちにできることは、その気持ちの揺れを受け止めることだけだ。

　タペストリーは「仙台防災未来フォーラム2019」での展示を始め、仙台市内の各公共施設で展示の機会を得て、多くの反響を呼んだ。作品を見た人からは、「どんな思いで一針一針縫われたのだろうと思うと涙が止まりませんでした」「しんさいではたくさんの人がいなくなり、そのいなくなった人を惜しむ人がたくさんいます。その人たちを元気づけられる作品だと思いました」「ひとつひとつの作品からその人の思いや記憶を知ることができました」などの感想が寄せられた。女性たちの作品にはまさしく伝える力があり、ここに一人ひとりの復興に向けた歩みがあると感じた。

「震災と女性」アーカイブネットワークの設立

　さらに、東日本大震災の被災地は宮城・福島・岩手と広域である。被災地すべての地域が真の復興を果たすまでには、まだ道のりは遠い。そこで、地域の被災状況や復興の「今」を共有し、共に真の復興に向けた活動をすすめよう

と、被災地 3 県の男女共同参画センター、震災の伝承にかかわる施設、NPO、女性防災リーダー、語り部の方々に参加を呼びかけ、2018 年「『震災と女性』アーカイブネットワーク」を設立した。ゆるやかなつながりだ。仙台市で開催した情報交換会では、当時、独立行政法人国立女性教育会館（NWEC）の情報課客員研究員をされていた青木玲子さんにアーカイブの意義について講義およびアドバイスを受け、各メンバーによる活動報告、また、2019 年には、宮城学院女子大学の天童睦子さんに、イコールネット仙台の聞き取り集を題材とした「災害をめぐる語りを読み解く：女性学的アプローチ」の講演をお願いした。今や、東京、長岡からの参加も得て、「伝える」を軸に集結した女性たちの連帯が次なる課題解決に向け歩み出している。

　「人間の復興はすすんでいるか」――女性たちの生きる力と営みを取り戻すその到達点の確認はこれからも続く。

男女共同参画の視点からみる防災・災害復興対策に関する提言（2012 年）

特定非営利活動法人イコールネット仙台

1．意思決定の場における女性の参画の推進
　(1) 復興計画や防災計画を策定する委員会等、防災・災害復興対策に関する意思決定の場に、女性委員を 3 割以上参画できるようにする。
　(2) 防災計画等の策定段階に高齢者・障害者・妊産婦・乳幼児を抱えた母親、外国人等、災害時に困難を抱える状況にある当事者の声が反映されるようにする。
　(3) 避難所・仮設住宅の運営に女性の参画をすすめ、責任者としての役割を担うことができるようにする。
　(4) 女性のもつ専門的知識やネットワーク及び地域レベルで蓄積された知識や経験を活用する。
　(5) 復興施策および防災計画をすすめる各防災担当部局に女性・生活者の視点を反映させるよう女性の職員を積極的に配置していく。
　(6) 以上の取り組みについて、実効性のある仕組みづくりをすすめる。
2．女性の視点を反映させた避難所運営
　(1) 平時から、地域単位で、住民・施設管理者・行政で構成される避難所の運営にかかる組織を設置し、避難所開設や運営マニュアルについて話し合っておく。

　　　組織には、必ず一定割合の女性が参画できるようにする。また、マニュアルを
　　　作成する際には、女性・若者・障害者・高齢者・子ども等の意見が反映される
　　　よう配慮し、運営には、性別に偏らず、公平に役割を分担することを明記す
　　　る。内容については、定期的に見直しを行う。
　(2)　避難所開設にあたっては以下の点に配慮する。
　　　①　避難所内には、以下の設備を設置する。
　　　　　男女別仮設トイレ・男女別更衣室・授乳室・間仕切り・男女別物干しス
　　　　　ペース・多目的トイレ・子どものためのスペース・ペットのためのスペー
　　　　　ス
　　　②　バリアフリー化、非常用電源の整備をすすめる。
　　　③　女性用物資の確保と女性による配布体制づくり。
　　　④　衛生管理方法や、清掃、調理等についての配慮。
　　　⑤　女性や子どもの安全対策としての警備体制を整える。
　　　⑥　女性のためのクリニックや助産師によるからだの相談窓口を設置、場所に
　　　　　ついては近隣の空間に設置し、安心して相談できる環境をつくる。
　　　⑦　在宅避難者への物資・情報等の提供。
　　　⑧　福祉避難所・帰宅困難者のための一時避難所についても女性や要援護者に
　　　　　対する空間づくりや物資等について配慮する。
　　　⑨　避難所における掲示物等に多言語または絵文字等誰にでもわかる表現方法
　　　　　を使用する。
3．多様な女性のニーズに応じた支援
　(1)　災害時に困難を抱える人たちは、移動や避難所での生活が困難な場合があり、
　　　妊産婦・乳幼児・要介護者、障害者等とその家族については、安全確認ができ
　　　れば、在宅避難も可能とし、物資や情報等について、優先的に支援の対象とす
　　　る。あるいは、事前に、民間の宿泊施設等と協定を結び、避難場所として提供
　　　してもらえるようにする。
　(2)　障害者（障害の種類）、妊産婦（妊娠期）、乳幼児（月齢）、病人（病気の種
　　　類）、高齢者（年齢）、セクシュアル・マイノリティ等に対して、それぞれの
　　　ニーズを踏まえたきめ細かなサポート体制を整備する。
　(3)　災害時及び被災後、外国籍の人々にも被災者としてのサポートを行う。その
　　　際、出身地によって文化が異なるので、被災者のニーズに合った配慮を行う。
　(4)　心とからだのケア等、被災した女性は誰もが相談を受けられるよう、相談体制
　　　を整備し、利用しやすくする。
4．労働分野における防災・災害復興対策
　(1)　被災地では、配偶者や親を亡くし、経済的な支えを失っている女性たちや、被
　　　災を理由に不当に解雇された女性たち等もいる。そうした場合に相談できる労
　　　働相談窓口を速やかに開設し、女性が就労しやすい雇用を確保する。

(2) 女性は被災下で、家庭のケア負担が重くなっており、仕事量が増えている場合等はますます家庭と仕事の両立が困難になっている。男女ともに災害特別休暇の取得を可能にする。家庭と仕事の両立を促進する。

(3) ひとり親家庭や離職した女性に対する経済的支援や自立支援を行う。

5．災害時における DV 防止のための取り組みの推進

(1) 災害時のような混乱時には、レイプや DV が起こることを予測した取組みをすすめる。

(2) 男性がストレスからの暴力を弱者（女性・子ども・高齢者等）に向けないような取組をすすめる。

(3) 電話や面接相談の開設や一時的保護施設が通常施設以外にも用意されるようにする。

(4) 性暴力被害者が責められることなく訴えることができ、支援されるシステムをつくる。

(5) 自治会等の運営リーダーやボランティアへの DV や性暴力防止の研修を行う。

6．防災・災害復興に関する教育の推進

(1) 女性の災害・復興アドバイザーを育成し、地域に住む人々の支援体制を実効性のあるものに整備する。

(2) 妊産婦、乳幼児を持つ女性、介護をしている女性等を対象に、防災に関する研修や訓練の機会を提供する。その際、臨時の託児所やショートステイサービスなど参加しやすくするための環境づくりをすすめる。

(3) 各地域において、自主防災組織を始めとする組織が、自助・共助体制をすすめる上で必要な支援に力を入れる。

(4) 防災に関して、自治体の防災担当職員の人材育成及び地域の防災リーダーやボランティア組織・NPO 等のリーダーの育成をすすめるとともに、妊産婦や障害者等、災害時に困難を抱える人々に関して必要な現場対応について研修の機会を設ける。

(5) 被災者が災害にかかわる正確な情報を入手する方法や情報を伝えるネットワークづくりに向けた研修を地域レベルで行う。

特定非営利活動法人イコールネット仙台　調査一覧

1　「災害時における女性のニーズ調査〜なぜ　防災・災害復興対策に女性の視点
　が必要か〜」2009 年 2 月発行
2　「東日本大震災に伴う『震災と女性』に関する調査」2012 年 9 月発行
3　聞き取り集『40 人の女性たちが語る東日本大震災』2013 年 2 月発行
4　聞き取り集『40 人の女性たちが語る東日本大震災』(英訳版)2014 年 10 月発行
5　聞き取り集『40 人の女性たちが語る東日本大震災─その後　「今」、そして「こ
　れから」』2016 年 9 月発行
6　「仙台に暮らす女性たちの現状と課題─111 名の調査から─誰もが幸せになれ
　る男女共同参画社会の実現をめざして」2020 年 1 月発行
7　「「新型コロナウィルス禍が女性に及ぼす影響」に関する調査」2020 年 7 月発行
8　「東日本大震災から 10 年を振り返る「震災と女性」に関する調査」2022 年 3
　月発行

【参考文献】

池田恵子　2012「女性の視点による被災者ニーズの把握──東日本大震災におけ
　　る活動経験の聴き取り調査から」『国際ジェンダー学会誌』第 10 号、pp.9-
　　32
ウィメンズネット・こうべ編　1996『女たちが語る阪神・淡路大震災』
ウィメンズネット・こうべ編　2005『災害と女性〜防災・復興に女性の参画を〜
　　資料集』
エンパワーメント 11（い）わて　2013「東日本大震災における女性の経験に関す
　　るアンケート調査報告書〜復興・復幸の実現に向けて〜」
エンパワーメント 11（い）わて　2015「東日本大震災からの復興に関する女性ア
　　ンケート調査報告書」
性と人権ネットワーク ESTO　内田有美　2015「東日本大震災におけるセクシュア
　　ルマイノリティ当事者の被災状況およびニーズ・課題に関する調査」
（株）ソフィア研究所　2016『防災における女性のリーダーシップ推進における
　　調査研究報告書』
長岡「心の復興をつなぐ」実行委員会　2017「天野寛子フリー刺繍画展＆ししゅ
　　う高田松原タペストリー展　中越から東日本そして熊本へ」
新潟県中越大震災「女たちの震災復興」を推進する会　2015「私たちが手にした

ちから、そして未来につなげる「力」〜中越大震災から 10 年を経て見えて
　きた新たな課題〜」

東日本大震災女性支援ネットワーク 2012『東日本大震災における支援活動の経
　験に関する調査報告書』

東日本大震災女性支援ネットワーク 2012『災害支援にジェンダーの視点を！こ
　んな支援が欲しかった！現場に学ぶ、女性と多様なニーズに配慮した災害
　支援事例集』

NPO 法人フォトボイス・プロジェクト 2015『撮る、語り合う、発信する　わた
　したちのフォトボイス　3.11、現在、そして…』

NPO 法人フォトボイス・プロジェクト 2018「写真と声集 No.2『被災した女性
　たちが提示する防災・復興の課題──東日本大震災のフォトボイス』」

「ふくしま、わたしたちの 3.11」証言記録集・制作委員会（NPO 法人市民メディ
　ア・イコール／ふくしま女性フォーラム）2013「ふくしま、わたしたちの
　3.11 〜 30 人の Her Story」

「ふくしま、わたしたちの 3.11」証言記録集・制作委員会（NPO 法人市民メディ
　ア・イコール／ふくしま女性フォーラム）2016「ふくしま、わたしたちの
　3.11 〜 Vol.2　25 人の Her Story」

堀久美・木下みゆき 2020「女性の震災記録活動がもつ新しい社会創造の可能性
　についての実証的研究」（科学研究費助成事業　基盤研究（C）17K02068 報
　告書）

●第**3**章●

災害と子ども・子育て支援
発達心理学的アプローチ

畑山みさ子

大災害に遭遇した際には、子どもも大人も多くの人が心に大きな傷を負う。2011 年 3 月 11 日に発生した東日本大震災では被災状況に直面した子どもたちも多い。宮城県の被災地では多くの小学校が避難所になり、当初はその運営に教員が当たった。教員は学校再開の準備に追われ、子どもの心を支援するためにはまず教員の心を支援する必要があると思われた。宮城県内には心理面の支援に関わることのできる人材が少ないため、競合せずに効率良く一貫した支援を行うためには、心理士会同士の連携が必要であった。そこで、日本学校心理士宮城支部会、日本臨床発達心理士東北支部会、宮城県臨床心理士会に呼びかけ、会員有志による任意団体「ケア宮城」を立ち上げ、2011 年 4 月に宮城県教育委員会との連携の下に「子どもの心を支援する教師と保護者の心のケア研修会」活動を開始した。翌年からこの活動は宮城県教育委員会が主催する「子どもの心を支援する教師の心のケア研修会」事業となり、2020 年までの 10 年間にわたり、継続実施してきた。

　本章では、災害弱者である「子ども」の心の変化とその支援について、主に子育て中の保護者、保育士、教師、学童保育指導員の方々など、子どもおよび子育てに関わる方々に向けて、その支援方法の指針となる基本的知識について記し、さらに支援者自身の心のケアの必要性についても述べる。

1　大災害直後の心理反応と支援の必要性

災害直後の子どもの心理反応

　大災害の被災直後には、多くの人に心理面、行動面、身体面にも様々な変化が生じる。それは自然災害に限らず、生命を脅かすような出来事に遭遇した際にも同様である。たとえば、恐怖や不安、怒り、苛立ち、抑うつなどの感情の変化、注意の散漫、悪夢、引きこもり、不眠などの行動の変化、そして動悸、疲労感、食欲低下、吐き気やめまいなど、身体面にも変化が生じやすい。これらの急性心理反応は、決して異常なものではなく、異常な事態に対処するための正常な反応と言える。このような変化は、大人ばかりでなく、子どもにも同種の反応が生じる。災害に遭った直後の子どもの反応およびその現れ方は、子どもの年齢や発達段階によっても異なる。

　幼児では、夜尿や指しゃぶりなどの「赤ちゃん返り」をしたり、保護者につきまとって普段の遊びをしなくなったり、またいつもとは異なる地震ごっこ・津波ごっこなどの災害に関係する遊びを繰り返したりすることもある。

　小学生の児童では、自分が悪いことを引き起こしたと思い込んで罪悪感にさいなまれたり、不安が増大したり、甘えなくなったり、孤独を感じたりすることも多い。また、被災者の保護や救済ばかりに気をとられたりすることもある。

　思春期の子どもでは、虚脱感に襲われたり、「自分は友人とは違う」「孤立している」と感じたりし、また危険な行為をしたり、否定的態度を示すこともある。

　命の危険にさらされた出来事に遭遇した場合に、その後に大人も子どもも悪夢にうなされるようなことがよくあるが、その夢の内容は大人と子どもでは異なることが多い。大人では実際に見聞きし体験した内容の再現が多いが、子どもでは怖い怪獣などが襲って来るなどの非現実的な場面の夢を見ることが多い。いずれも恐怖体験が記憶から消えない状態で生じるとみられる。

子どものために保護者や支援者ができること、すべきこと

　災害直後には、すべての子どもに「安心・安全の確保」の支援が第一である。災害後の状況下で、子どもを守り、精神的に支えるうえで大事な役割を果たすのが家族や保護者であり、そしてそれを支援する立場にいるのが教員、保育者や学童保育指導員などである。

　WHO（2011）は、災害直後に保護者が子どもたちのためにできることとして、対応の基本を表 1 のように提示している。

表 1　子どものために保護者ができること

乳児には	・温かくして安心させる ・大きな音や混乱から遠ざける ・抱きしめる ・できるだけ決まった時間に食事をし、睡眠をとるようにする ・穏やかに話しかける
幼児や 児童には	・普段より時間をかけて相手をする ・安全であることを何度も言ってきかせる ・悪いことが起きたのは、あなたのせいではないと話す ・子どもを保護者や兄弟姉妹、大切な人から引き離さない ・できるだけいつもどおりの生活時間を守る ・何が起きたのかという質問には簡潔に答え、怖い話をこまごまとしない ・子どもがおびえたり、まとわりつく場合には、そばに置く ・指しゃぶりやおねしょなど、「赤ちゃん返り」をし始めた場合には、見守る ・できるだけ、遊んだりのんびり過ごしたりする機会をつくる
児童や 思春期の 若者には	・時間を作って向き合う ・普段の日課をこなすことができるよう手助けする ・何が起きたのか事実を伝え、現在の状況を説明する ・悲しむことを認める。強さを求めない ・価値判断をせずに子どもの話を聴く ・日常の約束事を作り、守るようにさせる ・機会を作って、支援に参加することを勧める

　そして、子どもたちのために大人がすべきこととして、表 2 のようなことを挙げている。

表2　子どものためにすべきこと

大切な人と一緒にいるようにする	・できる限り保護者や家族と一緒にいるようにし、離ればなれにならないようにする ・同伴者がいない場合は、児童福祉機関またはネットワークにつなぐ。一人にしておかない
安全を確保する	・負傷者やひどい破壊などの惨状を目にしないよう守る ・起きた出来事について、動揺させるような話が耳に入らないようにする ・支援活動と関係のない人々やマスコミが取材しないように、子どもを守る
聴き、話し、遊ぶ	・落ち着いて穏やかに話しかけ、優しく対応する ・子どもの目の高さで話しかけ、子どもに分かる言葉で説明する ・保護者と一緒にいる場合は、子どもの世話をする保護者を支える ・年齢に応じた遊びをしたり、子どもの関心事について簡単なおしゃべりをしたりする

　保護者を始め、子どもに関わる大人がこのように対応し、そして保護者自身の生活が落ち着いてくれば、子どもの不安反応は次第に消えていくことが多い。

　東日本大震災後に避難所となった小学校では、小学生がプールからトイレ用の水汲みを積極的に手伝うなど、支援活動の一端を担った例もあった。保護される立場ばかりでなく、子どもたち自身も自発的に他者の役に立つ良い経験につながったと思われた。

　しかしまた一方、保護者自身の不安が大きく、子どもを頼ってしまうと、退行的言動とは逆に、子どもは年齢不相応に大人びた行動をし続けることがある。阪神・淡路大震災後の例では、いわゆる「良い子すぎる子ども」が、災害から何年も経過した後に破たんを来たし、一気に退行現象が現れてきたこともあった。子どもが不安に思っているときには、子どもらしい振る舞いを受容し、保護者に甘え、そして一緒に楽しい遊びをすることができるように配慮することも大事である。

　子どもの日常生活で遊びは欠かすことができない成長に必要な時間である。避難所設営の際には、基本的生活の場の確保と同時に、子どもたちのための「遊び場」の設営も必要である。避難所の仕切られた狭い空間に閉じ込めて静

かにすることを強いるのではなく、避難所の一隅に遊び場を設け、そこに安心できる大人がいて、一定時間楽しく遊ぶことができるような配慮が必要である。

　東日本大震災後に設置された仮設住宅の多くは、隣家との仕切り壁が薄く、話し声が筒抜けになるような状況にあった。子どものいる家庭では、子どもを静かにさせるために、ゲーム機を買い与えた家が多かった。子どもはゲームに夢中になって、片時もそれを離さず、集会所の「遊び場」にも各自がゲーム機を持ち込んでいた例もあった。そこでは子ども同士の会話もなく、それぞれ別個にゲームに夢中になっている「ゲーム中毒」の様相も見られ、子どもの日常生活にも大きな変化が生じていることが懸念された。

　また、被災地の保育所や学童保育の場では、一時期子どもたちに「地震ごっこ」や「津波ごっこ」が頻発し、それを不快に思う保育士は多かった。しかし、その遊びをただ禁止するだけでは、保育士の目が届かないところで隠れて行うなど、周囲の子どもに危険が及ぶこともある。その行為自体は無視し、別な遊びに誘導するようにすれば、子どもの関心は薄れていき、その遊びはしなくなる。いずれにせよ、子どもたち同士が関わりながら、楽しく安全に遊ぶことのできる場の早期の確保が課題となる。

2　大災害後一定期間経過後の状況

回復が長引く一部の子どもへの支援

　急性心理反応の多くは、時間の経過と共に消えていくことが多い。しかし一部の被災者には慢性症状として残ることもある。

　被災した大人には、失業、狭い仮設住宅、長引く避難生活への不安、取り残される不安や焦り、新たな慣れない生活への適応困難などの生活ストレスがその要因となり、支援が必要な状況が長引くことがある。さらに、命の安全が脅かされるような出来事によって強い精神的衝撃を受けることが原因で、著しい苦痛や、生活機能の障害をもたらす心的外傷後ストレス障害（Post Traumatic

Stress Disorder: PTSD）が生じることがある。その主症状は、侵入、過覚醒、回避などである。

　具体的には、「侵入」症状には、フラッシュバック、悪夢、身体症状（頭痛、腹痛、吐き気など）、できごとを思い出すと動転したり強い苦痛を感じたりするなどの症状が含まれる。

　「過覚醒」症状には、精神的高揚、不安、落ち着きのなさ、いらだち、不眠／睡眠困難、時間感覚の混乱、過度の警戒心、驚愕反応などが含まれる。

　「回避」症状には、実感のなさ、ひきこもり、孤立、集中困難、できごとを思い出すことや場所・人などを避ける、できごとを思い出せない、不登校などが含まれる。

　PTSDの苦痛から、大人では、アルコール・喫煙・薬物などへの依存、家庭内暴力（Domestic Violence: DV）や児童虐待などの問題が多発することがある。保護者の家庭内暴力を目にした子どもには、それは心理的虐待となる。保護者のそのような家庭環境下では、子どもたちにも支援が必要な状況が続く。保護者のPTSDに起因する不適切な育児環境や家庭状況は、子どもの心の傷を深め、子どもはその苦痛から逃れるために、学校内外での暴力や非行に走ることもある。さらに、家庭環境の不安定さから、学校への不適応、不登校になることもある。そのようなことから、家庭内暴力については当事者の大人への対応ばかりでなく、その家族、とくに子どもへの支援も必要であり、支援機関間の連携も課題となる。

　子ども自身が被災経験をし、上述のようなPTSD症状を有していても、それを言語化して伝えることが困難なために発見が難しいことが多く、不登校の背景に本人自身のPTSDが潜んでいることもある。幼児期に東日本大震災を経験した子どもが小学校中学年になってから不登校となり、その対応過程でスクールカウンセラーがその児童のPTSD症状に気づいて、児童の心に寄り添い、快方に導いた例も報告されている。

　宮城県では、東日本大震災の翌2012年から小中学校の不登校発生率が漸増し始め、2016年には全国最多となった。もちろん不登校の直接原因は様々で

あるが、その背景に東日本大震災の災害が関係している例は多いと思われる。宮城県では全小中学校にスクールカウンセラーを配置するなどの対策を講じてはきたが、2019 年現在も不登校発生率全国一の状況は続いている。

とくに支援が必要な子どもへの支援

　大災害の影響が大きく、回復に時間がかかっていると思われる子どもたちのなかに、「発達障害」などが含まれていることがある。

　発達障害の分類などの考え方は一様ではないが、文部科学省は発達障害を「自閉症、アスペルガー症候群その他の広汎性発達障害、学習障害、注意欠陥多動性障害その他これに類する脳機能の障害」（発達障害者支援法第 2 条）と定義している。発達障害の子どもたちへの指導には専門機関との連携協力を欠かすことができず、連携の下にその発見と適切な指導の方向性を見極めていくことが必要である。

　一見「発達障害」と区別が付き難い症状を示すものに「反応性愛着障害」と言われる症状がある。子どもは、乳児期に保護者など特定の人と関わることによって人への信頼関係形成の基礎となる愛着行動（attachment）を身に付けていく。しかし大災害後の生活環境の大きな変化により、親が生活再建に追われて、結果的に育児放棄や子どもへの関心と関わりが少なくなるなどの事態が生じた場合に、子どもにはそれに起因する「反応性愛着障害」とみられる症状が後に顕著になることがある。人と適切に関わることが困難で、衝動的、反抗的、破壊的行動などの行動が頻発し、とくに同世代の子どもたちと仲間関係を形成していくことが難しい子どもたちが大災害後に増えることがある。他者と適切な距離感を保って接することができず、他者との感情の共有が難しかったり、逆に大人にまとわりつき、非行に結び付く危険性もある。

　「反応性愛着障害」の子どもたちには、保護者や子どもを指導する立場の大人が、時間をかけてていねいに関わり、信頼関係を作っていくことが大事である。

3 大災害後の児童に対する学校生活などでの工夫

大災害後の学校再開時に、学校ではとかく学習面の遅れを取り戻すことを優先しがちであるが、児童期の子どもの心の安定には、安全な居場所としての学校および学童保育室の果たす役割が大きい。そこに携わる教員や指導員など、子どもを支援する大人が担う支援の視点と工夫すべきことについて挙げる。

① ひとり一人の「回復力」を支援する

子どもの内的回復力（レジリエンス：resilience）には、健康、学習する力、問題に前向きに対処する力、問題を解決する力、感情をコントロールする力、自己効力感、希望、ねばり強さなどが含まれる。すべての子どもがこれらの内的回復力を持っている。しかしその力には個人差もあるため、個々の子どもに応じた支援が必要である。子どもたちには、子どもも復興を支える一員であることを伝え、小さなことでもできることを一緒に考えて実行していくことを支援することも大切である。

② 子どもの心を理解し、支援する

普段から子どもたちと関わり、会話できる雰囲気づくりと実践が大事である。会話では、大人はまず傾聴の基本である感情の受容と共感を心掛け、子どもたちの体験の詳細や感じていることを聞き出し語らせるなどのことを目的にはしない会話ができるようであってほしい。

③「自尊感情」や「自己肯定感」を育てる

子どもたちが、あるがままの自分自身を受け入れ、自分をかけがえのない存在として認めることができるように、指導的立場にある大人が、子どもの良いところを認めて褒めていくようにすることがまず大事である。

④ 仲間関係づくり

　互いに学び、支え合う仲間関係づくりについて、子どもたちと一緒に考え、実行できるように支援していく。とくに、仲間はずれやいじめなどが起きないためにどうすべきかなどについて話し合い、実行できるように支援していくようにする。

⑤ 普段の学校生活の確保

　地域の小学校校舎や体育館が指定避難所になっている地域もあり、大災害直後には被災地の学校は休校になることが多い。学校が再開された直後は、子どもたちの心の安定のために、教科学習はゆったり進め、楽しい活動を多く取り入れるのがよい。大災害後には被災地外からの励ましのメッセージが届いたり、慰問活動に訪れる人々も多い。当初はそのような励ましの好意を有難く受け止めても、それらは一定期間に留め、子どもたちができるだけ普段の平常の学校生活に戻れるようにするのが心の安定につながる。普段から子どもたちが楽しく安心して過ごすことのできる学校であれば、その平常の学校生活が何より心の安定につながるはずである。

4　防災のために

防災教育と防災訓練

　東日本大震災時に、地震後の津波により多くの児童と教職員が亡くなった宮城県石巻市立大川小学校の事例は、学校の管理下にある子どもが犠牲になった事件・事故としては戦後最悪の惨事と言える。児童 78 名中 74 名と教職員 11 名中 10 名が亡くなったこの事例では、学校の危機管理マニュアルの不備や、津波を想定しての避難訓練がなされていなかったこと、学校長が当日不在であったことから避難先を決めかねての避難行動開始の遅れ、そして避難先の判断誤りなどが重なっての惨事であった。

　防災のために定期的な避難訓練は欠かすことができない。発災状況および避

難場所を想定しての避難訓練は、実際に災害が発生した際に、人的被害を未然に防ぐことにつながる。

　保育所、幼稚園、学校、学童保育室など、子どもたちが多くの時間を共に過ごす場所では、子どもたちの安心と安全のための教育は必要不可欠である。ただ恐怖心を煽るだけの映像や話は、子どもの適切な判断や行動を妨げることにつながりかねない。小学生以下の年齢の子どもたちには、身近に起きた災害の映像を見せるのは控え、また生死に関わる話も控えたほうがよい。しかし、東日本大震災で被災した子どもたちの中には、そのような大人の極端な回避行動から、東日本大震災の話はしてはならないことと受け止め、その記憶や感情を押し殺してきた子どもたちもいた。当時小学生だった子どもが大学生になってから、周囲の大人の導きもあって「話しても構わない、むしろ今後の防災のために経験を伝えるべき」と考えて、ボランティアとして「語り部」活動を始めた若者もいる。子どもたちには、被災体験を語らせることの意義とフラッシュバックなどを引き起こす危険性が同時にあるため、個々の子どもの状況を見極めながら判断し対応していくことが必要である。

　恐怖感情は、恐怖体験を重ねるような訓練によって克服できるものではなく、それは逆に PTSD などの症状を引き起こす要因になりかねない。安心・安全のための手法を身に付けていく訓練こそ大事である。

　東日本大震災後の被災地では、避難訓練をいつから再開するか迷った学校も少なからずあった。ある中学校では、PTSD 症状が顕著な生徒に、避難訓練を行うことを事前に伝えて、その時間帯は避難訓練に参加せずに保健室で過ごすことを許容していた。このように、子どもの状況を適切に把握し、個別の対応をとることも必要である。

　避難訓練は、保育所や幼稚園などの幼児に対しても定期的に行い、保育士などの指示に従って適切に行動できるようにし、自分の命を守ることの大切さを教えていってほしい。

　東日本大震災では「釜石の奇跡」と言われる出来事が注目された。岩手県釜石市に「津波てんでんこ」という災害伝承があり、それを守って実行した釜石

市の児童生徒の99.8%が助かった。この地方では、昔から何度も大地震後の津波に襲われた経験から、津波から自分の身を守るために、大地震後は各自いち早く高台に避難するよう「自分の身は自分で守れ」との伝承があり、それは他者の避難行動をも促すとされ、共有されてきた。皆がその言葉を共有することによって、子どもたちは即実行できたといえよう。

　家庭でも災害時の避難行動や避難場所について、子どもも交えて家族間で情報を確認共有しておくことが防災と有事の際の混乱回避につながる。

子どもを取り巻く環境および組織との連携

　子どもたちは日常的に、家族のサポート、友だち関係、学校教職員のサポート、地域の専門機関のサポートの中で生活している。災害時およびその回復過程にはそれらの人々や組織との連携を欠かすことができない。そして子どもを取り巻く地域の人々や組織間の連携もまた重要になってくる。そのためには、普段からそれらの機関との連携を心掛け、顔の見える関係を作っておくことが、被害を最小限にする役割を果たす。

　大災害直後は、地域の学校が避難所となり休校になることが多い。そのなかで保護者は災害後の後片付けのために子どもを安全に預けることができる保育所や学童保育の早期再開が求められる。平時から、有事にも対応できるような、子どもの一時預かり保育などの需要に応えられる体制づくりが望まれる。そして避難所に指定されていない保育所、学童保育、児童館などでも、一定の食料備蓄も含めて、有事への備えと臨機応変な対応が求められる。

支援組織間の情報の共有と連携

　1995年の阪神・淡路大震災では、直後から大勢のボランティアが支援に駆け付けた。それまで日本ではボランティアが活動することは少なかったため、そこでの活動が注目され、この年が「ボランティア元年」と言われるようになったほどである。しかしそこでは受け入れ体制が整っていないところでの個々のボランティアの思い込みによる活動により、混乱を招いた点も多くあっ

た。その教訓から、その後の災害後のボランティアの受付と支援活動内容の要請と割り振りなどは、主に県や市町村の社会福祉協議会などが担っているところが多い。

　東日本大震災直後から宮城県には、国際 NGO（非政府組織）日本支部などから多くの支援が寄せられた。子どもと子育て支援については、宮城県では教育庁義務教育課などが窓口になって、担当地域の割り振りや教育物資の配布などについて情報の共有を図り、定期的な情報交換会を開き、支援活動が混乱なく進められるよう取り計らった。一方、地元の NPO（特定非営利活動）法人などでは東日本大震災直後に「災害子ども支援ネットワークみやぎ」の組織を作り、公的機関と連携しながら、主に子どもの居場所づくりや、子どもを養育する家庭への物資支援活動などを担って活動を開始した。支援物資は、必要とする子どもがいる家庭に、主に小学校・幼稚園・保育所などを介して届けた。

　NGO による教育物資支援が一通り行きわたった 3 か月後の 2011 年 6 月に、NGO の情報交換会では心の支援に重点を置くための勉強会を開き、各種国連機関や国際市民団体により構成される機関間常設委員会（Inter-Agency Standing Committee: IASC）が提唱する「心のケア（精神保健・心理社会的支援）に関するガイドライン」を基本に活動していくことを申し合わせた。それと同時に、地元 NPO などとの合同連絡情報交換会への提案がなされ、名称も「宮城県子ども支援会議」として月 1 回継続開催するようになった。災害支援が一段落して NGO 団体が順次引き上げるなかで、この会合は地元 NPO が引き継いで開催していくことになった。そして 2018 年には東日本大震災時の子どもたちが成人年齢にもなっていることから、この会合は「宮城県子ども若者支援会議」の名称で学習会的要素を加えて隔月開催となった。2023 年現在も、オンライン併用で継続実施している。

　なお、「災害子ども支援ネットワークみやぎ」は、2013 年に仙台市の補助を受けて、NPO 事務所の一室に「災害子ども支援センター」を設置し、情報収集と提供、子ども用物資の管理と支援の他、子育てに関する相談も受ける体制を作って活動した。2018 年、当センターは災害時対応の役目を果たして終了

した。

　東日本大震災後の日本では毎年のように大災害が発生しており、ボランティアへの期待も高まっている。混乱を回避するためにその対応と受け入れの窓口の整備がなされているところも多い。有事に備えて効率よく支援活動を行うための連携組織を作り、すでに有効に機能している例として、「長野県災害時支援ネットワーク」などを挙げることができよう。

5　子どもの心を支援する人の心のケア

　私ども「ケア宮城」は、「子どもを支援する人を支援する」ことを目的に、被災地の学校などでの教員研修を担い、この10年間で計159回の研修会を開催し、参加者は延べ6,500人近くになった。この他にNPOや学童保育などの団体からの研修依頼にも対応し、いずれもその研修会では主に上述1から3の項目についての講義とワークショップを行ってきた。ワークショップでは、傾聴の練習や架空の事例検討（写真）など、状況と要望に即して対応してきた。さらに、WHO（2011）の Psychological first aid: Guide for field workers の翻訳に携わり、日本向け縮刷版「被災者の心を支えるために——地域で支援活動をする人の心得」を出版、研修会などで配布し、その啓蒙活動も行ってきた。また、2016年の熊本地震、2018年の西日本豪雨の愛媛水害、2019年の長野水害後の支援者研修などについても微力ながら支援担当してきた。これら一連の活動は、公益財団法人プラン・インターナショナル・ジャパンが「ケア宮城」を背後から支えてくれたことにより継続実施できたと言える。

　それらの支援者支援研修会を通して「ケア宮城」が強調してきたことは、本章で上述したような知識の伝達のほかに、支援者自身の心のケアの必要性についてである。保護者や教員などの子どもの支援者は、大災害直後はとくに長時間労働、過重な責任、役割分担の不明確、コミュニケーション不足や不適切な指示などのストレス要因下で支援の仕事を続けなければならないことがある。子どもたちに安心感を与え、温かい関係を維持するために、支援者は自分自身

教員研修会でのワークショップ

のセルフケアも大事であることを意識してほしい。支援者自身が疲れを溜めたままでは、子どもたちに笑顔で向き合うことは困難である。少しの時間でも意識的に自分のための時間を持つように努め、日常的に仕事と家庭生活の気持ちの切り替えをきちんと行っていくことが、支援を継続していくためには必要である。

　子どもは、安心できる大人と一緒にいることが何よりの安心感と安定感につながる。保護者や子どもを指導する立場の人々が、互いに支え合いながら、笑顔で子どもたちに向き合い、子どもたちの心の成長を支援していってくださるよう願う。

　自分にやさしく、他者にもやさしく！

【参考文献】
アメリカ国立子どもトラウマティックストレス・ネットワーク　アメリカ国立PTSDセンター（兵庫県こころのケアセンター訳）2011『災害時のこころのケア　サイコロジカル・リカバリー・スキル　実施の手引き原書第2版』医学書院

ケア宮城　プラン・ジャパン 2012『被災者の心を支えるために』（WHO, 2011, Psychological first aid : Guide for field workers. の縮刷版）

小谷英文 2011「地震後に児童生徒を援助する教師のためのガイドライン。東日本大震災被災者／関係者心の支援プログラム」、国際基督教大学高等臨床心理学研究所

西野美佐子・畑山みさ子・氏家靖浩 2012「学校教員のための心のケア研修会の意義とその内容――東日本大震災における子ども支援のための支援者の支援」『日本学校心理士会年報』第 4 号、pp.135–144

畑山みさ子 2012「東日本大震災後の子どもの心を支援する人のための心のケア研修活動――「ケア・宮城」の実践活動報告――」『発達科学研究』第 12 号、pp.71–77、宮城学院女子大学附属発達科学研究所

畑山みさ子 2013「東日本大震災後の教師支援のための研修会活動―「ケア宮城」の 2 年間の実践活動報告」『臨床発達心理実践研究』第 8 号、pp.138–144

本郷一夫 2011「子どもと子どもを取り巻く人々への支援の枠組み」『発達』第 128 号、32 巻、pp.2–9、ミネルヴァ書房

本郷一夫 2012「東日本大震災後の教師支援の実際と課題――「ケア・宮城」の活動を通して」『臨床発達心理実践研究』第 7 号、pp.19–23

矢永由里子 2016『支援者のためのサポートガイド』風間書房

IASC, 2010, Mental Health and Psychological Support in Humanitarian Emergencies: What Should Humanitarian Health Actors Know?

Inter-Agency Standing Committee（IASC）2007「災害・紛争等緊急時における精神保健・心理社会的支援に関する IASC ガイドライン」

WHO, 2011, Psychological first aid : Guide for field workers.（国立精神・神経医療研究センター他訳「WHO 版心理的応急処置　サイコロジカルファーストエイド：PFA――現場の支援者のガイド」）

●第**4**章●

熊本地震と女性

浅野幸子

は じ め に

なぜ災害課題に取り組んできたのか？

　筆者は浅草で育ったが、関東大震災の悲惨な写真を目にする機会が多々あったことから、子どものころから大地震に対する恐怖感を抱いていた。また、景気に左右されやすい下町の環境で、母子家庭で育ったこと、高齢者福祉に関心を持ったことなどから、どのような立場・経済力の人でも安心して暮らせる地域づくりの可能性について関心をもち、大学では社会学を学んだ。同時に、首都直下地震を生き延びるためのサバイバル力を身につけようと、山岳団体に所属し、男女混成チームでトイレも整備されていない山に登るという学生生活を送っていた。

　大学卒業間際の 1995 年 1 月 17 日、阪神・淡路大震災が起こったため学生ボランティアとして現地に入り、その後 NGO のスタッフとして 4 年間現地で支援活動を行ったが、被災地の課題のあまりの複雑さに圧倒されながら、直接取り組むことができずに心に残っていたのが災害時の女性の困難というテーマであった。

　帰京後、市民団体で働きながら夜間大学院の修士課程を修了し、災害系の研究所にも足をかけさせていただいてきたが、2003 年に女性防災リーダーマニュ

アルの作成の仕事に携わる機会があり、2006年には職場で女性の視点の防災講座事業を提案して軌道に乗せることができた。こうした過程でつねに念頭にあったのは、阪神・淡路大震災の被災地での女性たちの困難や、復興支援活動の中でお世話になった被災女性のみなさんとの貴重な協働体験である。とくに、大学を出てすぐの私が全焼地域の中で交流を重ねながら、復興を担う女性グループの立ち上げをお手伝いできたことはいまも大切な記憶となっている。

　2011年、"東日本大震災女性支援ネットワーク"（2011年6月〜2014年3月）の活動に参画することになったが、そこで取り組んだ研修事業は、初期の段階で東北の被災地のみなさまに多くのご協力をいただきつつ、内容をブラッシュアップさせていった。この研修事業が、現在わたしが共同代表を務める"減災と男女共同参画　研修推進センター"（2014年4月発足）の源流となっている。

　なお、阪神・淡路大震災の被災地に入る直前に学生の筆者が抱いていたのは、社会をよりよくしていけるよう、研究と現場の間をつなぐ役割を担えるようになりたい、という強い思いであった。いまだ不十分ではあるが、防災・復興に取り組む老若男女のみなさまにいただいたさまざまな教えや機会に対する感謝の気持ちとともに、これからも活動を続けていければと思う。

熊本地震を取り上げる意義

　本章では、2016年4月に発生した熊本地震を取り上げるが、その理由は、国内における災害と女性の問題を考えるうえで、重要な時期に起きた災害であるためだ。

　理由としては、第一に、2011年に発生した東日本大震災の教訓を踏まえ、2013年に災害と女性／ジェンダーに関する国の政策方針である「男女共同参画の視点からの防災・復興の取組指針」が内閣府男女共同参画局によって策定されたため[1]、各自治体の防災政策における一定の浸透が期待される状況であったことが挙げられる。また、熊本地震発生の約1年前の2015年3月には、第3回国連防災世界会議が仙台市で開催され、全国から災害に関心を持つ女性たちが集い、教訓を共有し、さまざまな社会発信が行われた。さらに、新

聞各社も毎年 3 月 11 日前後に、避難所を中心に防災対策における女性の視点・女性の参画の必要性について特集を組むケースが増えていたことから、社会的な認識も深まりつつあった。

　そうした状況から、熊本地震はまさに、東日本大震災以降の対策の進捗が問われる場となったといえる。

　そこで、まずは熊本地震の被害の全体像について確認したい。2016 年 4 月 14 日午後 9 時 26 分、熊本県熊本地方でマグニチュード（M）6.5 の地震が発生し、熊本県益城町で震度 7 を観測したが、その約 28 時間後の 4 月 16 日 午前 1 時 25 分、同じ熊本県熊本地方で M7.3 の地震が発生し、熊本県の西原村と益城町で再び震度 7 を観測した。

　被害は熊本県を中心に大分県の一部にまでおよび、人的被害は関連死を含めて 273 人（2019 年 4 月 12 日現在　内閣府）、住家被害は全壊・半壊が併せて約 4 万棟、一部損壊は約 15 万棟にのぼった。熊本県内の 5 市町では庁舎が被災し、震源地に近い熊本空港も一時使用できなくなるなど、公共施設の被害も大きかったことに加えて、激しい余震がつづいたため支援体制を整えるうえでも難しい状況に迫られた。

　避難者は、熊本県で最大約 18 万 4,000 人、大分県で最大約 1 万 2,000 人に達したが、余震の激しさから建物内にとどまることを躊躇した人も多く、車中泊避難をする人も多く生じた。

　ちなみに、地震発生直後に家屋倒壊などによって亡くなった、いわゆる直接死された方々 50 人については、牛山らが各種資料に基づき犠牲者の性別・年代や家屋状況について分析を行っているが（牛山・横幕・杉村 2016）、犠牲者のうち女性が 28 人（56％）、65 歳以上が 34 人（68％）であった。また、犠牲者の家屋は 1970 年代以前の建物が多く、1 階で犠牲になった人が多かった。

　そして、災害直後は生き延びたにもかかわらず、避難生活期の困難等によって犠牲となった関連死が 218 人と、直接死の 4 倍以上になったという事実も、被災者支援の質との関係で重く受け止める必要があるだろう。

　災害関連死については、遺族などへの配慮から性別を含めた詳細な情報は一

般には公開されていないが、2017 年 12 月末時点で関連死認定された 197 人に関する新聞報道からその概要がうかがえる。死に至った原因としては「地震のショック、余震への恐怖による肉体的・精神的負担」が約 4 割、「避難所など生活の肉体的・精神的負担」が約 3 割、「医療機関の機能停止などによる初期治療の遅れ」が 1 割強であり、被災後のストレスによる自殺も 16 人にのぼった（西日本新聞 2018 年 3 月 13 日）。

　以上から、避難生活期における被災者支援の体制と質が、改めて問われた災害でもあったといえる。

1　女性の視点からみた被災による困難

避難所の状況

　新聞記事によると、地震発生直後の避難所の環境は不十分なところが多かったことがうかがえる。たとえば「避難所のトイレに生理用品を捨てる所がない」（熊本県益城町・16 歳女性）、「仮設トイレは体育館の外で、電灯もなくて怖い」（熊本市・16 歳女性）、「着替えるときは避難所から歩いて 15 分ほどの家に戻る」（熊本市・30 代女性）、「女性だけの家族なので防犯面から車で生活をしている」（熊本県益城町・69 歳女性）といった声だ（西日本新聞 2018 年 4 月 23 日）。実際、筆者が発災から 9 日目に支援に入ったある指定避難所でも、女性用の更衣室・授乳室・女性用の下着干し場などがなく、間仕切りは届いていたものの使われず[2]、女性、乳幼児を抱えた母親、重度の肢体不自由の若い女性障害者とその家族などが、心身ともに厳しい状況に追い込まれていた。

　このような状況下で、発災後すぐに女性の視点から避難所の環境改善のために動いたのが熊本市の男女共同参画センターであった。ここでは、"熊本市男女共同参画センターはあもにい"（以下、はあもにい）の取り組みの様子をみてみよう。

　詳しくは、「避難所キャラバン報告書」を参照いただきたいが（熊本市男女共同参画センターはあもにい 2017）、男女共同参画の視点からの環境改善活動とし

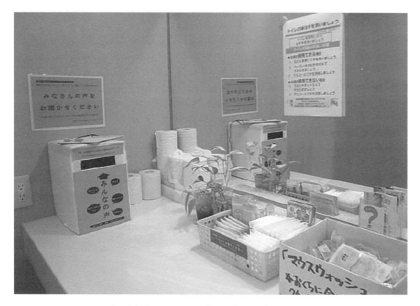

意見箱「みんなの声」の設置・意見の回収
（写真提供・熊本市男女共同参画センターはもにい）

意見箱はなるべく人目につくところを避け、プライベートスペースが確保できるトイレに設置していただくよう依頼した。

て、内閣府男女局の指針の避難所チェックシートを持って熊本市内の避難所を訪ね、運営スタッフへのヒアリングを行いながら環境改善を促している（授乳室などの設置状況や、避難所運営に女性が参画しているかどうかなど 19 項目）。そのさい、「女性更衣室」「授乳室」などと書かれた避難所用のプレートを作成して配布している。また、避難所でくらす人への個別ヒアリングとともに、男女それぞれのトイレに意見箱「みんなの声」を設置し定期的に回収したうえで、行政担当者に改善を求めた。さらに、性暴力・DV 防止啓発運動として、性暴力防止のためのポスターの掲示やチラシ・カードの配布、HP による発信、女性やこども向けの支援物資提供の呼びかけと配布も行っている。他にも、防災講座、若者支援、親子支援などの幅広い活動を展開している。

　とはいえ、自治体や避難所によって環境改善の度合いには差が生じていた。内閣府男女共同参画局が行った「男女共同参画の視点による平成 28 年熊本地震対応状況調査」では、避難所の開設期間が比較的長かった 24 市町村に、避難所運営で配慮した点について尋ねているが、避難所運営への女性の参画は約6 割、プライバシー確保・更衣室・授乳室整備は 5 割前後、男女別トイレは半月以内に約 7 割が設置した一方で、女性用トイレを男性よりも多めにしたのは2 割弱であった。また、女性用物資の女性による配布・乳幼児家庭用エリアの設置・女性ニーズの把握は 4 〜 6 割で実施されていなかった。女性に対する暴力防止の措置は、発災から半月以内の実施が 2 割弱で、6 割弱の市町村で取り組みがなかった。

　以上から、避難所の改善については一定の取り組みが行われた一方で、不十分な自治体や避難所も少なくなかったといえる。

子育て中の母親の困難

　熊本地震では、乳幼児のいる家庭も厳しい状況に置かれたが、前出のはあもにいが、子育て中の母親を対象に「熊本地震を経験した「育児中の女性」へのアンケート調査」を行っているので、報告書からその一端をみていく（熊本市男女共同参画センターはあもにい 2018）。ちなみに、有効回答数は 1,211 で、主に保育所・幼稚園などを通して調査票を配布したため、回答者は働く女性の割合が高い。本震の直後は、約半数が子どもや乳幼児を連れての避難が大変だったと回答し、ライフラインがストップした人も約 7 割にのぼることから、多くの子育て世帯が困難に直面したことがうかがえる。

　避難所で一時的に生活した人は 457 人だったが、生活上の不安・不便として、集団生活によるストレス、不衛生な環境、子どもが夜泣きするなどで迷惑をかけることへの心配、子どもが遊ぶ・勉強する場所がない、希望する支援物資が手に入らない、着替えや授乳スペースが確保されていないといった項目を挙げる人が多かった。一方、自宅や敷地内で過ごした人は 553 人おり、その理由として、幼い子どもがいて周囲に迷惑をかけたくないと回答した人が 252 人

いた。

　その後の生活でも半数以上が、ライフラインがなかなか復旧せず生活必需品も手に入れにくい状況を経験している。仕事を休むことができずに家族の世話や家の片づけができなかった人も多く、子どもを預かってくれるところがなく仕事に行けなかった人は234人に上り、やむをえず子どもを職場に連れて行った人も152人いた。また、子どもが病気になった・様子に変化が現れたと回答した人は197人であった。

　自由記述を見ると、赤ちゃんを清潔に保てなかった、自分が膀胱炎になった、妊娠6か月で幼児もいるため給水に行けなかった、親族との同居で強いストレスを受けた、子どもにチックやPTSDの症状が出た、校区内に住まいが見つからず子どもの送迎の手段・費用に困っているなど、困難の多様性が現れている。なかには、早産・流産を経験した人もいる。

　地震後の片付けや子どもの面倒を頼んだことで祖母の持病が悪化したため、その後子どもを預かってもらえず、正社員からパートへ変更せざるを得なくなり、今までのキャリアを失ったという人もいた。退職に追い込まれて女性一人で泣き寝入りとなった、といった声もあり、平常時からぎりぎりの状況で仕事と子育ての両立が行われていたこと、職場の理解の不十分さ、子育て・介護をする労働者の立場の弱さが浮かび上がってくる。

　一部の被災自治体では乳幼児世帯専用の避難所を開設したり、民間保育所が臨時に行政や消防署の職員の子どもを預かったというケースもあるが、今後は、子育て世帯、働く女性たちの状況を踏まえ、発災直後から復興期に至るまでの切れ目のない子育て支援が可能となるよう、しっかりと準備していくことが求められる。

ひとり親家庭への経済的影響

　災害時には、子どもの世話と仕事の両立が平常時よりもはるかに厳しくなること、失業や大幅な収入減となった場合の影響が大きいことから、ひとり親家庭は、子育て家庭一般が抱える困難に輪をかけて厳しい状況に置かれる傾向に

ある。実際、熊本市内の支援団体のもとには、震災後に食事もまともに食べられない状況に陥ったシングルマザーからの支援を求める声が急増したという(3)。

　こうした実態は表面化しにくいが、熊本県子ども家庭福祉課は、毎年8月にひとり親家庭から児童扶養手当受給のために提出してもらう「現況届」の2016年度版に、熊本地震による仕事・収入・住まいへの影響などを聞く項目を入れ、1万4,880世帯の回答結果についてまとめている(熊本県子ども家庭福祉課 2016)。回答者の属性は、母親が91.4%・父親が7.1%で、被災前の就業形態は正社員43.5%、非正規社員38.4%、自営業等5.2%、無職・休職中は9.9%であった。

　そのうち、震災後に収入が減少したのは2,436世帯で、3〜4割減少は514世帯、5割以上減少は421世帯となっている。また、正規職から非正規へと配置転換もしくは転職となった81世帯、非正規で就業日数が減少した457世帯で、失職したとの回答は278世帯(正規職96世帯、非正規職182世帯)であった。

　ちなみに、熊本県が発表している毎月賃金統計による労働者数の推計を用いて、震災による女性の雇用への影響について検証したところ、熊本地震が発生した2016年4月末の労働者数を3月末と比較すると、約1万人減少しており、そのうち約8,900人分は女性のパートタイム労働者の減少分であった。ちなみに、パートタイム労働者の総数の変化を3月末で比較すると、5月末がマイナス約7,900人、6月末でマイナス約1,500人、半年後の10月末にはマイナス約200人となっていた。

　全体からみれば、収入が大幅に減少したり失職した世帯の割合は低く見えるかもしれないが、1世帯あたり平均約1.6人の子どもがいることや、1,022世帯が地震後に転居を余儀なくされており、住宅に関する追加の出費や環境変化が生じていることも考えれば、多くの子どもたちが直接的な影響を受けたと考えられる。実際、母子父子寡婦福祉資金貸付金制度の利用を希望する世帯は8,091世帯中、2,650世帯と3割以上にのぼる(同制度の利用世帯数については、

熊本市の分を除く）。

　また、家計や住宅などへの直接的な影響が少なくても、ひとり親家庭の場合
は地震のショックで不安を抱く子どもにゆっくりと寄りそうことが難しいであ
ろうことから、多くのひとり親家庭で、親と子の双方に精神的面での大きな負
担が生じていたと考えられる。

外国人シングルマザー

　熊本地震の被災者には外国人のシングルマザーとその子どもたちも含まれる
が、彼女らは情報弱者であり、孤立しがちなため、もっとも弱い立場に置かれ
た層であるといえるだろう。

　外国人のための無料法律相談、生活自立支援、政策提言などを行っている
"コムスタカ－外国人と共に生きる会"がまとめた、「熊本地震被災外国人シン
グルマザーに対するインタビュー調査」報告書が、その厳しい被災状況を詳し
く伝えている（コムスタカ－外国人と共に生きる会 2017）。

　このインタビュー調査は、外国出身で未婚・離婚・死別のいずれかによりシ
ングルマザーとなった30人を対象に、2016年7月～2017年1月にかけて行
われたもので、すでに子どもが成人して同居していないケースも一部含まれ
る。21人は離婚、3人は未婚で出産、5人は未婚の出産と離婚の両方を経験し
ており、別れた原因として14人がDVやネグレクトなどのパートナーからの
暴力をあげている。

　また、ほとんどが非正規のパートタイムやアルバイトで働かざるを得ず（非
正規社員26人）、生活が苦しいことから、仕事の掛け持ちや時給の高い夜間の
仕事をしているケースも多い。父親から養育費を受け取ることができている人
はわずか5人であった。

　熊本地震の発生直後は、「避難所」といった災害関係の言葉がわからない、
どこへ逃げればいいのか、どうすれば支援が受けられるのかもわからない状況
で、なんとか避難所にたどりついても周囲から偏見の目で見られたり、母国語
の情報が得られず苦労している。日本語の日常会話はある程度できても、読み

書きは難しいことから、行政の生活再建支援に関する情報も直接得ることはほとんどできていない（行政の多言語情報は英語・中国語・韓国語が主であった）。また、一部には職場の仲間や近隣の知り合いからサポートを得られた人もいたが、経済面や子どもを預かるところまで頼ることは難しい状況であった。

　地震による仕事への影響も大きく、会社都合による休業となったのが17人で、うち14人は給与・手当無し、1人のみ半額の手当てが出ている。また、「子どもと離れることができない」「被災した家を片づけねばならない」といった本人の都合による休業が9人、勤務時間の減少が6人、転職が3人となっている。そうした厳しい状況で、自宅が被害を受けて転居したため大きな出費を迫られたり、家賃滞納や借金をせざるを得ないケースもあった。

　報告書の「課題と提言」では、離婚後は男性が父親の責任を放棄し、女性が母親としてすべての責任と負担を強いられている現状について、日本人男性個人の問題のみならず、それを容認し可能にしている日本の社会構造の問題を指摘しているが、まさに日本社会における女性と外国人という二つの深刻な格差・差別にかかわる要因を象徴させられている存在が、外国人シングルマザーとその子どもたちであるといえるだろう。

　とはいえ、彼女たちは苦境の中にあっても、子どもたちを育てる責任感と実践力を持つ女性たちであることを忘れてはならない。なかには、これから災害対応スキルを身に付けて地域で役立てる存在になりたいと語った人もいる。

　このように、彼女たちは大きな潜在能力を持つ存在であり、彼女たちが背負わされた脆弱性は、私たちの社会が作りあげたものであること、そして、その社会構造を変えることこそが最大の防災対策であることを、この被災外国人シングルマザーのインタビュー記録は力強く物語っている。

性暴力の発生

　発災後の早時期から、熊本県および熊本市男女共同参画センターなどによる避難所などでの暴力防止の啓発が行われたことから、一定の予防効果があったと考えられるが、新聞報道によると、熊本地震に関連して熊本県警が把握した

性暴力が約 10 件あるという。そのうちの 1 件は、指定避難所における 10 代の少女に対する強姦事件であった。少女は家族と一緒に避難所に避難しており、家族もまさか娘がそのような被害に遭うとは思ってもいなかったが、少女は恐怖で声をあげることもできず、暴力に耐えるしかなかったという。ちなみに、加害者はボランティアの立場で避難所に入った少年である[4]。

　筆者も支援者へのヒアリングなどを通じて複数の事例を聞いている。医療職の女性が避難所の支援に当たっている最中に、被災者の男性から体を触られる被害や、避難所の仕切り越しに女子児童が隣の男性から体を触られ続けた被害などである。こうしたことから、警察が把握した被害は氷山の一角とみていいだろう。

　とはいえ、発災後間もない時期から性暴力の防止活動が公的かつ一貫性をもって展開され、報道を通した啓発も行われたことは大きな前進として評価できる。

2　行政による被災者支援体制と課題

「男女共同参画の視点による平成 28 年熊本地震対応状況調査」のあらまし

　熊本地震の発生を受けて、内閣府男女共同参画局は 2016 年 12 月〜 2017 年 1 月にかけて「男女共同参画の視点による平成 28 年熊本地震対応状況調査」を実施し、年度末に報告書を公表した。なお、筆者は調査検討会の座長として、被災地の男女センター関係者ならびに複数の防災専門家の委員とともに調査の設計に関わったという経緯があるが、本節ではその調査報告書にもとづき、行政による災害対応体制についてみていく。

　なお、調査報告書については、本文ならびにアンケート調査の単純集計結果を含む付属資料（以上はすべてウェブサイト上で公開）を使用する。また、内閣府男女共同参画局には、本調査の論文執筆や普及啓発活動への利用の許諾を得ている。

　本調査は、被災自治体と応援自治体を含む全都道府県・市区町村を対象とし

表1　アンケート調査項目

① 被災自治体向け調査 ア．事前の備え・予防体制について イ．防災・災害対応に関する教育・啓発 ウ．発災後の支援体制と避難所等について エ．応急仮設住宅 オ．復旧・復興について カ．その他 ② 応援自治体向け調査 ア．職員の体制について イ．発災後の対応	ウ．避難所等での支援について エ．その他 オ．事前の備え・予防体制について カ．防災・災害対応に関する教育・啓発 ③ 民間支援団体向け調査 ア．普段の活動状況について イ．発災後の対応 ウ．避難所等での支援について エ．その他

たアンケート調査、民間団体を対象としたアンケート調査、現地でのヒアリング調査から構成されている。アンケート調査はメールまたは郵送で行われ、回収率は被災自治体が2県（100％）・37市町村（63.8％）、応援自治体が39都道府県（86.7％）・820市区町村（48.7％）であった。また民間団体は50団体から回答を得た。

　アンケート調査の項目は表1に示した通りであるが、できるだけ多くの回答を得ることができるよう、被災自治体は事前の備え・予防から地震対応へ、応援自治体は地震対応から事前の備え・予防へという形で設問を並べた。

　また、アンケート調査では趣旨がより正確に伝わるように、調査票の説明文の中で過去の災害における課題を例示した。固定的性別役割分担（意識）が災害時に多様な困難を生み出すこと、男女のニーズの違いが考慮されないことで育児・介護など家庭生活に求められる支援が不十分となること、意思決定の場への女性の参画割合の低さにより防災・復興対策に意見が反映されにくいこと、女性や子どもに対する暴力のリスクが災害時に高まること、女性に多い非正規雇用の解雇・雇止めなどのリスクがあることなどである。

事前の備え・予防体制

　まず、地震発生前の自治体の取り組み状況についてみてみよう。なお、都道

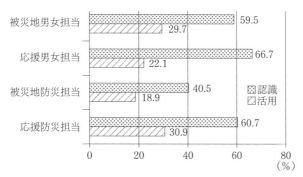

図 1　「男女共同参画の視点からの防災・復興の取組指針」等の認識・活用状況

表 2　男女共同参画の視点の防災人材育成状況

被災市町村 n=37　応援市区町村 n=820

		被　災 市町村	応　援 市区町村
防災研修	職員向け	13.8%	20.8%
	住民向け	21.9%	31.2%
地域防災	女性参画促進	27.0%	32.1%
	女性リーダー育成	16.2%	10.4%

府県については回答が少ないため、基礎自治体である市区町村の回答に基づいて整理する。

　東日本大震災以降、自治体の防災部門には少しずつ女性の配置が進んでいるが、調査によると、被災自治体・応援自治体ともに、防災部門に常勤の女性は一人いるかいないかという状況であった。また、地方防災会議における女性委員割合は、被災自治体 7.1％・応援自治体 9.2％であり、国の第 4 次男女共同参画基本計画の目標（早期に 10％、2020 年までに 30％、〈202030〉）には距離がある。

　「男女共同参画の視点からの防災・復興の取組指針」の認識・活用状況は図 1 の通りであるが、被災自治体・応援自治体ともに、男女共同参画担当者の指

針の存在への認識は 6 割前後となっている一方で、被災自治体の防災担当では低調だ。応援自治体の防災担当の認識・活用度合いは男女共同参画担当と同程度かそれ以上であることから、応援職員を派遣する自治体は、一定以上の防災対策レベルをもった自治体が多いのかもしれない。男女共同参画の視点を踏まえた職員・住民への防災研修や地域防災活動における女性の参画促進に関する取り組みについては表 2 の通りだが、十分とは言えない状況である。

発災後の災害対応体制と被災者支援

　次に発災後の対応体制についてみていく。被災市町村の災害対策本部会議の平均人数は 20.9 人でうち女性は 0.9 人（4.3%）であったが、これは、東日本大震災時の女性割合とほとんど変わっていない。実際、避難所で育児・介護・女性ニーズへの対応を 1 か月以内に行うことができたと回答した 30 市町村に、改善を可能とした理由について聞いたところ、「地域防災計画、防災マニュアル等に規定してある通り取り組んだ」「避難住民のニーズなどを聞き取って取り組んだ」が 14 市町村（46.7%）、「自治体内部の職員の議論で意見があり取り組んだ」10 市町村（33.3%）で、「災害対策本部からの指示により対応した」のは 8 市町村（16.7%）のみであった。

　こうした災害対策本部の体制の限界を補ううえでも重要なのが、男女共同参画担当者の存在であるが、被災自治体のうち、発災 1 か月以内に男女共同参画の視点からの対応を庁内で働きかけたのは 3 市町村のみで、半数は男女共同参画以外の業務に当たっていた。

　調査では、女性職員の災害対応業務を取り巻く環境についても聞いている。育児・介護を行っている職員が災害対応業務に当たったのは 27 市町村だが、そのケアについては、夫または妻などの家族か親族、保育所や介護施設に預けたケースが多いものの、「子どもと一緒に出勤した」との回答も 5 市町村あり、子どもの預け先に困った職員もいたことがわかる。なお、女性職員が宿直勤務に就いた場合に配慮や工夫をしていたのは被災市町村のうち 17 市町村（45.9%）であった。

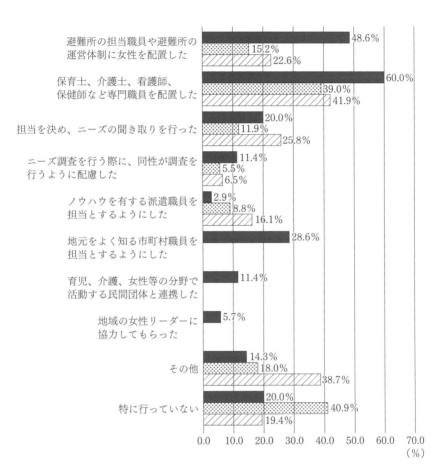

避難所の担当職員や避難所の
運営体制に女性を配置した
48.6%
15.2%
22.6%

保育士、介護士、看護師、
保健師など専門職員を配置した
60.0%
39.0%
41.9%

担当を決め、ニーズの聞き取りを行った
20.0%
11.9%
25.8%

ニーズ調査を行う際に、同性が調査を
行うように配慮した
11.4%
5.5%
6.5%

ノウハウを有する派遣職員を
担当とするようにした
2.9%
8.8%
16.1%

地元をよく知る市町村職員を
担当とするようにした
28.6%

育児、介護、女性等の分野で
活動する民間団体と連携した
11.4%

地域の女性リーダーに
協力してもらった
5.7%

その他
14.3%
18.0%
38.7%

特に行っていない
20.0%
40.9%
19.4%

0.0　10.0　20.0　30.0　40.0　50.0　60.0　70.0
（%）

■ 被災市町村（35 団体）　　⊞ 応援市区町村（328 団体）　　▨ 応援都道府県（31 団体）

図 2　被災自治体・応援自治体による被災者ニーズの把握方法

　一方、応援自治体が派遣した職員数の市区町村の平均は31.6人、女性は平均3.4人で、派遣職員に占める女性割合が3割以上となった市町村は少ない。ただし、女性職員の安全・安心に配慮した自治体は、そうでない自治体よりも、派遣職員に占める女性割合が高かった。

　被災者支援の質全般を左右する育児・介護・女性の視点からの被災者ニーズの把握の方法について聞いたところ、医療・福祉の専門職および女性職員の役割が大きい一方で、被災自治体と地域の女性リーダーや民間団体との連携は不十分であった（図2）。

復　興

　被災自治体の復興計画に男女共同参画の視点を反映させる工夫について聞いたところ、「パブリックコメントを活用し多様な意見を反映した」5市町村、「計画策定委員に女性委員を積極的に任命した」3市町村、「住民アンケートをとった」2市町村、「男女共同参画の視点からの支援を行う団体等にヒアリングを行った」1市町村で、「特に無い」6市町村という結果であった。ちなみに、復興計画策定委員会の委員に占める女性割合は、回答があった8市町村の平均で11.5％となっているが、これは東日本大震災の時とほぼ同じ割合である。

　男女共同参画の視点からみた生活再建については、「平時以上に育児等と仕事の両立が困難になる」「生活再建に関わる関係者に男女共同参画の視点を持っているものが少ない」「災害復興公営住宅の整備などの住い作りにおける女性の意識の反映」といった点で課題認識を持っている市町村は少なくなかったが、課題に対する取り組みについては、「個々のニーズに応じたマッチング支援や就労支援を実施している」3市町村、「仕事を探す際に子どもの一時預り支援を行っている」1市町村で、「生活再建支援に携わる関係者に対して男女共同参画の視点からの災害対策に関する研修を実施している」市町村はなかった。

　このように、復興期における課題認識はあるものの、具体的な政策形成プロセスや支援内容をみると不十分な状況であることがわかった。

3　男女共同参画の視点からの防災・復興ガイドライン

　2020 年 5 月、内閣府男女共同参画局が、旧指針を改定する形で「災害対応力を強化する女性の視点〜男女共同参画の視点からの防災・復興ガイドライン〜」を策定・公表した。筆者はその策定に委員としてかかわったが、東日本大震災以降、地震や水害が多発していること、多様な取り組みが進んだことを受けたもので、前述の熊本地震調査の結果も考慮されている。

　全体は 3 部構成となっており、第 1 部は旧指針をそのまま引き継いだ「7 つの基本方針」、第 2 部は具体的な取り組みを示した「段階ごとに取り組むべき事項」、第 3 部は被災現場でも即役立つチェックシートなどが入った「便利帳」である。

　本文となる第 2 部の内容を示したのが次ページの表 3 であるが、太字は、新版での新たに立てられた項目で、下線部は旧指針に盛り込まれていた内容を、独立した項目として整理し直したものとなっている。

　たとえば、「3. 地域防災計画の作成・修正」において、地域防災計画における男女共同参画部局・男女共同参画センターの役割が明記され、「15. 災害対策本部」において、災害対策本部において男女共同参画担当部局や男女共同参画センターの職員の意志が反映される体制づくりを求めているが、これは各種の調査から、両部門間の連携の強弱によって、被災者支援の質に関わる対策に差が出ていることが明らかになったという背景がある。また、災害が発生した場合に自治体間で応援職員を派遣するケースが増加しているが、女性職員の派遣が限定的であるため、「5. 応援・受援体制」において女性職員の積極的な派遣と受け入れが加えられた。「18. 女性に対する暴力の防止・安全確保」も取り組みが不充分なため改めて強調されている。「27. 子供や若年女性への支援」の項目も新設され、支援から取りこぼされがちな立場への対応を求めた。

　なお、復旧・復興期については、全般に男女共同参画の視点が不充分な状況であるという認識のもと、改めて復興体制・計画・まちづくりへの女性の参

98

表3 「災害対応力を強化する女性の視点〜男女共同参画の視点からの防災・復興
　　ガイドライン〜」より

第2部　段階ごとに取り組むべき事項

◆平時の備え
1. 職員の体制と研修
2. 地方防災会議
3. 地域防災計画の作成・修正
　**（地域防災計画における男女共同参画
　部局・男女共同参画センターの役割の
　明記）**
4. 避難所運営マニュアルの作成・改定
5. **応援・受援体制（女性職員の積極的な
　受入れ／派遣）**
6. 物資の備蓄・調達・配布
7. 自主防災組織
8. **災害に強いまちづくりへの女性の参画**
9. 様々な場面で災害に対応する女性の発掘
10. 女性団体を始めとする市民団体等と
　　の連携
11. 防災知識の普及、訓練
12. **マイ・タイムラインの活用促進**
13. 男女別データの収集・分析

◆初動段階
14. 避難誘導
15. 災害対策本部
　　**（災害対策本部の下に男女共同参画担
　　当部局や男女共同参画センターの職
　　員を配置することの重要性を強調）**
16. 災害対応に携わる女性職員等への支援
17. 帰宅困難者への対応
18. 女性に対する暴力の防止・安全確保

◆避難生活
19. 避難所の開設・運営管理
20. 避難所の環境整備
21. **要配慮者支援における女性のニーズへ
　　の対応**
22. **在宅避難・車中泊避難対策**
23. **災害関連死の予防**
24. 物資の供給
25. 保健衛生・**栄養管理**
26. 避難所の生活環境の改善
27. 子供や若年女性への支援
28. 市町村域等を越えた避難生活

◆復旧・復興
29. 復興対策本部
30. 復興計画の作成・改定
31. 住まいづくり（応急仮設住宅・復興住
　　宅の提供と運営）
32. 復興まちづくり
33. 保健・健康増進
34. 生活再建のための生業や就労の回復
35. 生活再建のための心のケア
　　**（男女共同参画センターが行う相談業
　　務の活用）**

※太字は、新版での新たな項目、
　下線部は独立した項目として整
　理し直されたもの

画、就労支援が強調され、男性の心身の健康問題も視野に入れた支援の必要性
などについても盛り込まれた。

被災者支援の質を高める女性の視点──まとめ

　熊本地震における女性／ジェンダーに関連したさまざまな問題についてみて
きたが、被災地の男女共同参画センターが避難所の改善活動や性暴力防止の啓
発活動を展開するなど、発災間もない時期からオフィシャルに多面的な活動が
展開され、被災自治体・応援自治体の中でも意識的に対策に取り組んだところ
もあることから、問題の悪化を防いだ側面もあったことは間違いない。

　しかし、行政の被災者支援・復興政策を見渡すと、体制面や内容面ではいま
だ不充分な状況であることも見えてきた。しかも、近年の市町村自治体は職員
の大幅な削減が進むと同時に、高齢化により災害時に支援すべき人が増加して
いるため、災害対応の困難度合いは増すばかりという現実もある。

　とはいえ、たとえば熊本市では以前から女性管理職の育成に力を入れており、
熊本地震の過酷な状況下でもそれぞれに、ときには部門を超えて連携しあいなが
ら、柔軟かつ積極的にリーダーシップを発揮していたことが、筆者が行った女性
管理職へのヒアリングや『平成 28 年熊本地震　熊本市女性職員 50 の証言』（熊本
市 2019）から見えてきた。子育て支援団体との臨機応変な協力体制づくりで、
乳幼児世帯用の避難所を速やかに開設できた自治体もある。また、岐阜県は避
難所運営支援のために女性職員を積極的に派遣する方針を取り、1 チーム 5 名
の男女混成チームによる支援を行っている。さらに、仙台市は応援職員の派遣
にあたり、男女共同参画課が女性／ジェンダーの視点からみた被災者支援のポ
イントをまとめた資料を作成・配布している。

＊　　　　＊　　　　＊

　このように、災害対応が難しい時代だからこそ、平常時および災害時の職員
の配置や、行政と住民組織・市民組織との連携に女性の視点をしっかり取り入
れることで、被災者支援の質を戦略的に高めることが求められている。

【注】

（1） 筆者は策定のための検討会委員を務めた。

（2） 余震の際に逃げにくくなることを恐れた足元が不安な高齢者らが使用を
拒んだことも影響していた。

（3） NHK 熊本放送局　熊本地震のリアル　女性たちの熊本地震『"助けてくだ
さい"こぼれ落ちた女性たち』https://www.nhk.or.jp/kumamoto/program/002/09/
index.html（2020 年 8 月 15 日取得）

（4） 西日本新聞ウェブサイト、2018 年 3 月 29 日 6 時配信。記事によると、あ
とから被害に気付いた母親が警察に被害届を出したが、明らかな暴行、脅
迫があったとは認められないとして強制性交罪は適用されず、少年は不起
訴となった。一方、民事訴訟では被害が認定され全面勝訴した。

【参考文献】

浅野幸子・池田恵子 2015「ジェンダー視点による防災と地域の持続可能性との
接続　東日本大震災の被災状況を踏まえて」震災問題情報連絡会『東日本
大震災研究交流会研究報告書』

牛山素行・横幕早季・杉村晃一 2016「平成 28 年熊本地震による人的被害の特
徴」『自然災害科学』Vol35、No.3、pp.203-215

コムスタカ−外国人と共に生きる会 2017「熊本地震被災外国人シングルマザー
に対するインタビュー調査」

熊本県子ども家庭福祉課 2016「ひとり親家庭における熊本地震後の現況確認調
査結果（最終）」

熊本市 2019『平成 28 年熊本地震 熊本市女性職員 50 の証言』

熊本地震に係る初動対応検証チーム 2016「平成 28 年熊本地震に係る初動対応
の検証レポート」

熊本市男女共同参画センターはあもにい 2017「避難所キャラバン報告書」

熊本市男女共同参画センターはあもにい 2018「熊本地震を経験した「育児中の
女性」へのアンケート調査 報告書」

中央防災会議防災対策実行会議 熊本地震を踏まえた応急対策・生活支援策検討
ワーキンググループ 2016「熊本地震を踏まえた応急対策・生活支援策の在
り方について（報告書）」

内閣府男女共同参画局 2017「男女共同参画の視点による平成 28 年熊本地震対
応状況調査報告書」

●第 **5** 章●

男女共同参画センターと災害

瀬 山 紀 子

は じ め に

この章では、筆者が 2009 年から東日本大震災をはさんで 11 年間働いた埼玉県男女共同参画推進センターでの経験、また、2016 年からの 4 年間、常任理事の立場で関わった全国女性会館協議会の活動を振り返りながら、災害と男女共同参画センターの関わりや役割、そして課題について記していきたい。

このテーマを考えていくと、この間あった災害時の経験、また仕事を通して関わりをもらった様々な人の顔や言葉が思い出される。東日本大震災のとき、大規模避難所となったさいたまスーパーアリーナの中で目にした光景も忘れられない。アリーナの廊下に所狭しと段ボールが敷かれ、避難してきた多くの人たちがその上に横になり、先の見えない不安な時間を過ごしていた。そこには、一人暮らしと思われる高齢の女性や、小さな子どもと暮らす家族など、様々な人たちがいた。そして、たくさんのボランティアの人たちも集まってきていた。私は、そのときの様子を、インターネットを通じて発信するなどしながら、その広域避難所となった場所の近くにあった県の男女共同参画センターで働く立場で、そこに集ってきた市民の人たちと一緒に、センターでできることを模索した。その活動は、現在も続いている広域避難者の集いの場「さいがい・つながりカフェ」につながっている。そうしたこの間の活動の一つひとつ

の場面で、大規模災害時、男女共同参画センターに何ができるのか、また、災害前にどんな備えが必要なのかが問われてきたと思う。

　災害は、それが起きる以前からある社会の様々な課題を浮かび上がらせる。社会のあらゆる領域で意思決定に携わる人が圧倒的に「男性」に偏っていることや、DV（ドメスティック・バイオレンス）をはじめとするジェンダーに基づく暴力が広く存在していること、障害があること、また、国籍が異なることで複合的な困難を経験する人たちがいることなど、男女共同参画センターが日常的に取り組んでいるジェンダー不平等に関わる課題もその重要な課題の一つだ。そうした課題は、災害時にはより顕著なかたちで人々の暮らしに影響を及ぼす。その意味でも、災害時の課題を考えることは、災害前から存在する社会の課題を考え、よりよい社会を構想することに直結する。私自身はこうした問題意識を持ちながら、その時々に関わった様々な人たちとの対話を重ね、災害時、そして災害前からの男女共同参画センターのあり方について考え、模索を続けてきたと思う。

　こうした自分自身の問題意識や経験を踏まえながら、ここでは、災害時、そして防災・減災活動における男女共同参画センターの役割や課題を考えていくことにしたい。

1　東日本大震災と男女共同参画センター

　東日本大震災は、被災地のセンターをはじめとした多くの男女共同参画センターが災害・防災への取り組みを本格的に行うきっかけとなった出来事だったと言える[1]。そのため、ここでは、まず、男女共同参画センターの位置づけを確認したあとに、東日本大震災のさいに男女共同参画センターが果たした役割を振り返っていきたい。

男女共同参画センターの位置づけ

　ここで見ていく男女共同参画センターとは、主に、全国の地方自治体が設置

している地域の男女共同参画推進の拠点施設を指している。こうした施設は、名称としては、男女共同参画（推進）センター、または女性センターと呼ばれており、総称して「女性関連施設」と呼ばれることもある。

　国立女性教育会館（NWEC）の「女性関連施設データベース」[2]によれば、このような施設は、2019 年 7 月現在、全国に 365 か所ある。設置主体別にみると、国立のセンターが 1 か所（国立女性教育会館）、都道府県立のセンターは一つの県で複数有しているものも含め 50 か所、市町村立のセンターが 392 か所、その他民間の施設が 16 か所となっている。運営形態は、公設公営（＝自治体直営）のセンターが 304 か所、指定管理者制度などに基づく公設民営のセンターが 146 か所、民設民営のセンターが 16 か所となっている。ここでは、こうした女性関連施設のうち、運営形態は問わず、主に地方自治体を設置主体とした女性関連施設（以下、「男女共同参画センター」とする）の活動を取り上げていく。

　男女共同参画センターは、法律を元にして設置された施設ではなく、それぞれの時代の要請や女性たちの運動などによって設立されてきた背景を持つ施設だ。それが、1999 年に男女共同参画社会基本法が成立したことによって、それぞれの地域における男女共同参画社会の実現のための拠点施設という共通の位置づけができた。ただ、その法律も施設の根拠法ではないため、男女共同参画センターはあくまで各地域の条例などによって設置されたものとなっている。そのため男女共同参画センターの運営体制や事業内容は地域間での差が大きく、国レベルで行われる経年の統計も存在しない。

　そのうえで、センターには、おおむね、「情報提供」・「相談」・「学習、研修」・「交流」・「調査研究」といった共通する機能があると言え、そうした機能をもとにそれぞれのセンターが様々な事業を展開しているのが現状だ。また、こうした機能と合わせて、後にも触れるように、災害時の防災拠点という位置づけを持つセンターもある。

　こうした男女共同参画センターの基本的な位置づけを確認したところで、次に、東日本大震災のさいの男女共同参画センターの取り組みを見ていこう。

被災地の男女共同参画センターの取り組み

　ここでは、全国の男女共同参画センターのネットワーク組織である特定非営利活動法人全国女性会館協議会⁽³⁾が 2011 年 7 月から 8 月にかけて内閣府男女共同参画局と公益財団法人横浜市男女共同参画推進協会と連携して行った「災害時における男女共同参画センターの役割調査」をもとに、東日本大震災のさいの男女共同参画センターの取り組みを見ていく。

　調査は、被災地のセンターを中心に 13 のセンターの事例を取り上げている。そのうち、ここでは、被災三県にあるセンターとしてもりおか女性センター、せんだい男女共同参画財団、福島県男女共生センターと、埼玉県男女共同参画推進センターを取り上げる。ここで紹介する実践事例は震災から間を置かずに行われた聞き取り調査報告をもとにしたもので、実際には、その後も含め、様々な活動があり、また、今回紹介するセンターに限らない全国の多様な事例がある⁽⁴⁾。そのうえで、ここではまず、4 センターの取り組みを紹介していこう。

◆もりおか女性センターの取り組み

　もりおか女性センターは、盛岡市の施設で、特定非営利活動法人参画プランニングいわてが指定管理者となり運営されている。震災のさい、センター自体は大きな被害はなく 3 月の後半にはスタッフが岩手沿岸部の被災地域を訪れ、被害状況を確認し、その後、沿岸部への支援拠点としての活動がスタートしている。センターは、盛岡市の受託事業を継続しながら、被災地支援の事業を参画プランニングいわての独自事業として展開していくことになる。

　センターが行ったのは、デリバリーケアと呼ばれる活動で、被害が大きかった地域の被災者一人ひとりの個別のニーズに応えて物資を届けることだった。この活動をはじめるきっかけとなったのは、スタッフが実際に被災地を訪れるなどし、公的支援の届きにくい自主避難所に避難している人たちがいることを知ったこと、また、公的なルートで届けられた下着などの支援物資が「標準サイズ」に限定されてしまっており、多様なサイズが必要だとする声に応えられ

ていない状況にあることを知ったことによるという。デリバリーケアの実施に
ついては、地元 FM 放送などを通じて広報することで、多くのニーズが寄せら
れた。

　また、発災 2 か月後となる 5 月からは、内閣府、岩手県、盛岡市・もりおか
女性センター、（社）日本助産師会岩手県支部、いわて生活協同組合、参画プ
ランニングが協働で、女性の心のケアのためのフリーダイヤルによる女性のこ
ころのケアホットラインを開設している。相談内容は、家族との人間関係が主
で、離婚や DV に関する相談も寄せられ、必要な支援につなげられていった。
センターは普段から、助産師会と DV に関する取り組みをしていたため、震災
後のホットラインも協働で取り組めたという。

　さらに、デリバリーケアは、その後、被災者が仮設住宅に移った後にも、孤
立防止の意図もあり、買い物代行といったかたちで続けられた。また、被災地
域の女性を対象にした起業支援の取り組みもその後行われていった。

◆せんだい男女共同参画財団の取り組み

　せんだい男女共同参画財団は、仙台市の指定管理者として、2 館のセンター
を運営している。震災のさいは、そのうちの一館は大きな被害を受け、再開ま
でに 3 か月を要している。残る一館は 4 月初旬に運営が再開となり、そこに震
災前からつながりのあった市民団体である、特定非営利活動法人「イコール
ネット仙台」のメンバーが常駐するかたちで、「こころと暮らしの立ち直りを
支援するスペース」が設けられた。また、3 月の終わりには女性の悩み災害時
緊急ダイヤルが設けられ、これも以前から女性への暴力電話相談を委託してい
た市民活動団体「ハーティ仙台」の協力のもと実施された。緊急ダイヤルは 7
月後半まで続き、女性たちからの避難生活に関する様々な相談を受けていった
という。

　さらに、インターネット上に被災女性支援のためのポータルサイト「被災し
たわたしたちが"今、ここ"をのりきるために」をつくり、それを通じた情報
提供も行われていった。また、このポータルサイトを紹介するメッセージカー

ドが作られ、配布する活動も行われた。6月に再開した館では「つながる掲示
板」というメッセージボードが設けられ、利用者や職員によるメッセージの掲
示が続けられていった。

　同時に、直接避難所などの支援に入ることで見えてきた避難所の課題などを
もとにさらなる支援や行政と市民、市民と市民をつなぐ中間支援の事業ができ
ないかと考えた職員によって避難所の女性たちの洗濯を市内の他の女性たちが
代行して行う「せんたくネット」という活動がスタートした。また、洗濯代行
を通して見えてきたニーズをもとに、女性用の様々なサイズの下着を配布する
活動や、若い世代のニーズをもとにした「MDG ガールズプロジェクト」とい
う活動など、多様な活動に派生していった。

◆福島県男女共生センターの取り組み
　福島県男女共生センターは、福島県二本松市にあり、財団法人福島県青少年
育成・男女共生推進機構が指定管理者として運営している。センターは地震に
よる直接の被害はなかったが、震災とその後の原発事故後の1か月は、検査ス
タッフや自衛隊員が常駐する、被爆スクリーニングと除染を行う施設として使
用されることになっていたという。

　その後、センターは、福島県の郡山市にある複合コンベンションセンター
「ビッグパレットふくしま」に開設されていた大規模避難所内に、女性専用ス
ペースを設置し、その運営を行うことになる。ビッグパレットふくしまは、当
時、2,500人の避難者が生活していた大規模避難所だ。共生センターのスタッ
フは、県が任命した避難所運営支援チームの唯一の常勤者で、以前、共生セン
ターで働いたことがある職員とともに、避難所内で女性たちの安心と安全が守
られる場を作る必要があると考え、施設内に女性専用スペースをオープンさせ
た。

　スペースは、朝の9時から夜の9時まで開かれることになり、ボランティア
スタッフとして、郡山市内で活動をしていた女性の自立を応援する会、郡山市
婦人団体協議会、しんぐるまざあず・ふぉーらむ福島が曜日を決めて場の運営

にあたった。

　スペースが行った取り組みは、女性の安全確保の取り組みとして避難者に相談窓口の周知を行うこと、防犯ブザーの配布を行うこと、女性のための物資などの提供として、女性用下着のメーカーと連携した個別ニーズに合わせた女性用下着の提供や、食器、衣類、バッグ類などの配布、さらに、ストレス解消のための楽しめる場の提供として料理や体を動かす機会の提供、間仕切りカーテンに刺しゅうをするなどの手仕事の機会の提供などだったという。また、女性弁護士による法律相談も実施された。

　当時、センターの運営を担った職員は、この試みを、避難所の中に小さな女性センターをつくる試みだったと振り返っている。

◆埼玉県男女共同参画推進センターの取り組み

　埼玉県男女共同参画推進センターは、埼玉県の直営センターで、東日本大震災のさいには、主に福島県からの広域避難者の受け入れを行う大規模避難所となったさいたまスーパーアリーナの近隣施設としてシャワー室などの施設の提供などを行った。

　センターは、日中の間、施設内のシャワー室を開放し、主に女性や子どもを中心にしたシャワー室の利用があった。利用者は多い日で 1 日 160 人を超え、3 月 19 日から 31 日までの 13 日間で延べ 1,200 人の利用があった。アリーナからセンターまでの誘導や、センター内での避難者の受け入れは、震災以前から活動していたセンターのボランティアメンバーと、新たにアリーナに集まったボランティアの中で子育て支援などの活動を中心に担う人たちが作ったグループによって担われた。

　また、シャワー室を提供したことがきっかけとなり、様々なニーズが浮かびあがり、化粧品や下着、子ども服などの配布も行われた。また、シャワーの待ち時間を利用して子どもが遊べる場や、高齢者などがマッサージを受けられる場の提供も行われた。

　さらに、こうした大規模避難所の側面支援を行ったことから、2011 年 8 月

にはセンター職員とセンターおよびアリーナで被災者支援に関わったボランティアスタッフが県の地域防災計画の見直しを行うワーキンググループのメンバーとなり、避難所における女性および男女共同参画の課題について意見を出し、計画の見直しにつなげている。また、2011 年 9 月からは主に原発事故によって避難を余儀なくされた広域避難者が集う「さいがい・つながりカフェ」がスタートし、現在までその活動が続いている。

全国女性会館協議会「あるって、だいじ」

　東日本大震災のさいには、各地の男女共同参画センターがそれぞれに独自の活動を展開したのと同時に、全国の男女共同参画センター同士の相互協力も行われた。そのハブ的な役割を果たしたのが全国女性会館協議会だ。

　協議会は、2011 年に「東日本大震災女性センターネットワーク」を立ち上げ、加入しているセンターなどを通じて、全国から募金を集め、それを原資に被災地の女性支援を行う男女共同参画センターや草の根のグループを支援する活動を行っていった[5]。また、同年、先に記した災害時における男女共同参画センター役割調査が行われ、翌年には、内閣府の「東日本大震災被災地における女性の悩み・暴力相談事業」に協力するかたちで、全国の男女共同参画センターで働く相談員やスーパーバイザーを被災地に派遣する活動がはじまり続けられていった[6]。

　こうした活動をもとに、2013 年には、男女共同参画センター防災・復興全国キャンペーン "あるってだいじ" がはじまり、男女共同参画センターがあることが、地域で暮らす人にとって大切である、とくに災害時には被災者の生活の底上げにつながってきた、ということを打ち出す広報活動が行われている。

　また、こうした活動を経て、全国女性会館協議会では、2014 年から災害時の男女共同参画センターの相互支援についての意見交換をはじめ、2015 年に仙台で開かれた第 3 回国連防災世界会議のサイドイベントで、「あるってだいじ〜災害時の男女共同参画センターの役割とは〜」を開いている[7]。そこでは、この先に必要な男女共同参画センター間の相互支援のあり方について提言

が出され、2016 年には「大規模災害時における男女共同参画センター相互支
援システム」の運用が開始された。

　このシステムは、会員館をインターネット上のクラウドシステムでつなぎ、
大規模災害が発生したさいに会員館相互がつながり、必要な支援を求めたり、
物資や情報、ノウハウなどを共有したりする仕組みとして運用されてきてい
る[8]。実際に 2016 年に起きた熊本地震のさいには、発災後まもなくからクラ
ウドシステムを使ったインターネット上での情報交換と募金活動が東日本大震
災を経験したセンターを中心にスタートした。またそうした動きを受けて、熊
本市の男女共同参画センターは、避難所の環境改善などに取り組むためのキャ
ラバンを組み、女性や子どもへの暴力防止のポスターを作成・配布するなどの
積極的な活動を行った[9]。

　ここまで被災地の男女共同参画センターが行ったことを中心に、東日本大震
災のさいに男女共同参画センターが取り組んだことと全国女性会館協議会の活
動について記してきた。東日本大震災のさいには、自治体の地域防災計画に
は、センターの役割や位置づけについての規定はなされていない場合が多く、
見てきた取り組みは、それぞれのセンターが手探りで行ってきたものだった。
それを調査することで、そこに一定の共通点が見い出されてきたとも言える。
そこで、次に、災害・防災における男女共同参画センターの役割を確認してい
こう。

2　災害・防災における男女共同参画センターの役割

　2013 年、内閣府男女共同参画局は『男女共同参画の視点からの防災・復興
の取組指針』を策定し、男女共同参画センターおよび男女共同参画部局が、平
常時および災害時に果たす役割として次のことを明記した[10]。
　　　平常時：地域防災計画及び避難所運営マニュアル等の策定過程への参
　　　画、防災担当部局等と連携した研修の実施、自主防災組織の女性リーダー

の育成、災害対応に関わるボランティアや専門職に対する研修の実施、住
民参画型の学習機会の提供や学習資料の作成、女性人材情報の提供、全国
の男女共同参画センター等とのネットワーク形成、災害に関連する男女別
統計の整備の検討　等

　　災害時：相談支援（男女とも）、女性に対する暴力等の予防啓発・相談
窓口情報の提供、避難所内の環境改善提案や必要物資・支援についての情
報提供、男女共同参画に係る団体・専門家との連携調整、支援者に対する
情報提供や研修の実施、男女共同参画に関する課題に取り組む NPO やボ
ランティア等の活動支援、復興計画策定過程への参画や委員の推薦、女性
の就業・起業等の支援　等（内閣府男女共同参画局 2013、pp.5-6）

　以下では、こうした国の示した全体像を踏まえながら、災害・防災に関わっ
て男女共同参画センターが果たしてきた役割やその課題のいくつかを具体的に
示していきたい。

災害時の取り組み

　災害時の男女共同参画センターに求められる大きな役割の一つは相談支援の
役割だ。相談支援の業務は、日常的に男女共同参画センターが担う柱の業務の
一つで、センターによっては、DV（ドメスティック・バイオレンス）防止法（配
偶者からの暴力の防止及び被害者の保護等に関する法律）が規定する配偶者暴力相
談支援センター業務を担うセンターもある。

　災害以前から存在している DV は、災害時や災害後も継続し、災害時には被
害者がより声を上げにくくなると同時に、災害時には、ジェンダーに基づく規
範が強まり、ジェンダーに基づく暴力の許容度が高まると言われている（東日
本大震災女性支援ネットワーク 2013）。そうした状況の中で、相談支援の業務が
継続されること、またより強化されて実施されることは重要なことだ。

　災害時は、それまでも男女共同参画センターやその相談窓口とつながってい
た人に継続した相談支援が行われることが求められると同時に、それまでは接
点がなかった人が相談につながるきっかけも生まれる。過去の災害時には、避

難所で相談先のリストが掲示されたり、相談スペースを兼ねた女性専用スペースが設置されたりもしてきた。

　同時に、災害時に求められる相談支援を考えるさいには、担い手の問題も考える必要がある。

　2014 年に〈男女共同参画センターが行なう相談事業の現状と課題〉研究会が行った調査によると、男女共同参画センターの相談員のうち、正規職員は 6％で、圧倒的に多くが非正規職員であり、その 6 割は契約期間が 1 年と不安定な雇用体制であることが明らかになっている。相談員が非正規によって担われていることで、専門性の保障や研修機会が不足すること、また、公的な相談としての権限がもてないことや組織的対応が難しいことなどの問題も指摘されている（戒能 2018）。

　男女共同参画センターの柱の業務である相談が、こうした不安定な立場の相談員によって担われていることは日常的な課題であると同時に、災害時の相談体制の脆さにつながる大きな課題だと言える。

　また、災害時に男女共同参画センターに求められる役割として、情報やネットワークの拠点としての役割がある。日常的にも、災害時にも、センターは、相談を含め、男女共同参画に関わる様々な声を集める機能をもっている。センターはそうした声を社会的な課題として把握し、公的機関として、行政の施策に反映させる役割を持っている。

　また、男女共同参画センターは、日常的に地域の女性団体などの活動拠点として活用されていることが多く、災害時には、こうした団体との連携で活動が進められていく場合も少なくない。その意味でも日常的に地域の女性団体などとつながりを作ること、また、災害時には、センターが情報や物資の拠点となり、必要な支援を得にくい被災者と、センターを活動拠点とする市民団体などによる支援をつないでいくような役割が求められていると言える。

防災・減災の取り組み

　次に、災害時の取り組みとは別に、男女共同参画センターが取り組んできた

防災・減災の取り組みを見ていきたい。

　男女共同参画センターでの防災や減災に関わる事業は、2005年に策定された国の第2次男女共同参画基本計画に「防災分野における女性の参画の拡大」が盛り込まれて以降、取り組まれるようになり、東日本大震災後に、さらに本格的に取り組まれるようになってきた[11]。

　防災の分野は女性の参画が少なく、過去の災害時に、避難所に更衣スペースが確保されず安心して着替えができない状況が生じたこと、女性たちが要望を出しにくく、必要な支援物資を得ることができなかったことなど、様々な問題が生じたことが指摘されてきた。

　そうしたなかで、多くのセンターが取り組んできたのが、災害時の活動を含む地域の防災活動に関わる女性を育てていく試みだ。内閣府男女共同参画局も、こうした取り組みを広げるために、「男女共同参画の視点からの防災研修プログラム」を2016年に作り公表している[12]。

　ただ、男女共同参画センターの講座受講者は災害時に避難所運営などを担うことになる自治会などには属していない場合も多い。そのため、こうした取り組みの中には、災害時に避難所運営に当たることになる自治会や自主防災会といった組織と連携し、すでに地域の防災活動に取り組んできた住民にも講座の受講を促したりする取り組みも行われている。

　防災は、自治会などの地縁団体で活動する住民と、男女共同参画センターを利用する個人や、そこを拠点に活動をしている団体のメンバーとの出会いももたらしてきた。また、災害・防災をきっかけに、自治体の防災担当部署と連携し、防災担当部署が主催する防災リーダー育成講座に男女共同参画の視点を入れる取り組みなども行われてきている。

　このほかにも、災害・防災と男女共同参画に関わる資料の収集や、調査の実施、啓発資料の作成など、男女共同参画センターが防災・減災に向けて取り組む事業は幅広い。

地域防災計画への位置づけ

　最後に東日本大震災以降進んだ、自治体の地域防災計画に男女共同参画セン
ターを位置づける試みについて見ておきたい。

　全国女性会館協議会が 2015 年度に会員館を対象に行った「防災・復興にお
ける男女共同参画センター／女性センターの役割・位置づけに関するアンケー
ト調査」では、地域防災計画の中に男女共同参画センターの位置づけがなされ
ていると回答したセンターは 31 センターで回答数の約 4 割となっている。

　その一つの仙台市では、市の地域防災計画に「女性支援センターの設置」と
いう項目が設けられ災害時の男女共同参画センターの役割の明確な位置づけが
行われている。計画には、「市民部は、仙台市男女共同参画推進センター内に
女性支援センターを設置し、専門相談窓口の一つとして女性のための相談窓口
を開設するとともに、同センターを運営するせんだい男女共同参画財団と共
に、被災女性のニーズの把握に努め、NPO 団体等との連携を図りながら、必
要な対応を行います」とある。このほかに、災害時の女性相談の窓口という位
置づけがなされているセンターや、女性支援の情報提供、広報活動、女性支援
のためのボランティア、NPO の受入れ、活動支援を行う場として規定されて
いるセンターもある。

　ただ、センターの中には、地域防災計画上、帰宅困難者の一時受け入れ場所
や指定避難所となる場所もあり、必ずしも男女共同参画センター機能を保持し
たうえでの位置づけとばかりはいえない現状もありそうだ。その意味でも、災
害時に、男女共同参画センターの機能を保持したうえで、災害・復興支援にど
う関わりをもつのかを防災計画のなかで明確にしておくことは重要なことだと
言える。

　男女共同参画センターが避難所になる場合はもちろん、本来は、すべての避
難所が、女性たちにとって、また、高齢者や障害のある人、外国人住民など、
社会の中で脆弱な立場に置かれやすい人たちにとって、安心していることがで
きる場所になる必要がある。男女共同参画センターは、そうした災害時の地域
住民の暮らしの底上げにつながる計画づくりに関わり、それを実現させていく

役割を持っていると言えるだろう。

おわりに──新たな状況の中で

　ここまで駆け足で、主に東日本大震災を中心に、男女共同参画センターと災害・防災との関わりについて見てきた。災害・防災に関わり、地域の男女共同参画センターが果たせる役割は小さくない。ここで見てきたとおり、センターがあり、そこを拠点とした様々な活動が実施されてきたことが、被災者や地域住民にとって、重要な意味をもってきた。まさに、「あるって、だいじ」というフレーズが、地域によっては実感されてきたと言える。

　男女共同参画センターがあったことで、被災した住民の多様なニーズが聞かれ、それに応じた支援がなされ、相談支援を必要とする人への対応がなされた。また、センターが拠点となり、市民活動同士のネットワークが広がったり、市民と市民がつながり、新たな活動が生まれたりもしてきた。

　しかし、地域によっては、男女共同参画センターがあっても、庁内での位置づけや予算配分、人員体制が不十分であるため、機能していないセンターも少なくない。また、男女共同参画センターがカバーできる地域や対象は必ずしも広いとは言えないという課題もある。さらには、センターがない地域もある。

　その意味では、男女共同参画センターがある地域では、そこが災害時にも、必要な役割を担えるように、日ごろから、人員体制を含む組織体制を整備し、住民の暮らしに関わる重要な場所として、センターを位置づけていくことが必要になる。災害時に予想される地域の困難を考え、そのなかでの男女共同参画センターが果たすべき役割を考えることは、行政内部でのセンターの位置づけやその体制の見直しを行う契機になる。

　また、センターが地域全体をカバーすることはできないこと、さらには、センターがない地域があることを考えると、そもそもの行政機構全体が、災害・復興支援政策のベースに、「男女共同参画の視点」を置くことの必要性が浮かび上がる。センターがある地域では、そうした政策づくりのために、センター

が防災部局をはじめとした行政機構と連携し、災害・復興支援政策のベースに、男女共同参画の視点を入れる取り組みを進めていく必要がある。また、センターがない地域でも、男女共同参画担当が中心になり、そうした取り組みを進めていくことが重要だ。

　ただ、残念ながら、男女共同参画センターや男女共同参画担当が、災害時に、また災害以前にも、自治体のなかで一定の力を持って男女共同参画政策の底上げを担えるポジションにあるかといえば、そうとは言えない現実がある。

　すでにみたように、男女共同参画センターは、根拠法がない施設であることもあり、センターの位置づけは必ずしも明確ではない。また、指定管理者制度の導入などにより施設運営を民間団体が担っているセンターも多く、行政内部の組織的な連携や直接的な政策決定に関わる機会が必ずしも持てていないという問題もある。さらに、行政が直に運営しているセンターでも、正規職員は専門的知識の蓄積が十分にできる体制になく、事業の直接的な担い手である専門職員は単年度ごとに雇われる不安定な立場の非正規公務員だという現状がある。事業の重要な部分を担う人が、行政内部の意思決定に関われない非正規公務員であること、また、待遇面でも大きな課題があることなど、非正規公務員をめぐる問題も見逃せない重要なテーマだ[13]。

　男女共同参画センターが災害時に果たすべき役割を考えていく際には、こうした様々なクリアすべき課題を共に考えていくことが不可欠だ。

　2020年春以降、私たちは、世界規模での大災害と言える新型コロナウイルスの感染爆発とその影響の長期化という先の見えない事態に直面している。こうした困難な状況のなかにおいても、たとえば、静岡市の男女共同参画センターでは、2020年4月の段階で「女性を取り巻く課題を解決する市内唯一の施設」として「新型コロナウィルス禍が女性に及ぼす影響についての緊急アンケート」をウェブ調査として実施し、自宅待機期間が続くなかでケア労働の負担が一気に女性に押し寄せている現状などを明らかにし、それらを広く社会に伝える活動を行っている[14]。その後、国でも、コロナ下の女性への影響と課題に関する研究会が立ち上がり、11月には緊急提言が出された[15]。

　災害時や緊急時には、日ごろから脆弱な立場にある人たちがより大きな負の影響を被ることはこれまでの経験からも明らかにされてきた。こうした現状を変革するために、男女共同参画センターが果たせる役割は、少なくないはずだ。そうした必要な役割を果たすためにも、その足元の組織体制や担い手の課題を含むよりよいセンターのあり方を模索していく必要がある。

【注】
（１）　ただ、阪神・淡路大震災や中越地震のときからすでに災害時の女性が抱える課題や暴力の問題なども課題とされてきており、東日本大震災前から地域の課題として防災に関わる取り組みをしていたセンターもある。たとえば、兵庫県立女性センター・イーブンは、阪神・淡路大震災の１週間後から相談等の事業を再開している。また、横浜市の男女共同参画センターは、2006 年から「女性視点で作る防災のまちづくり事業」を実施し、2008 年には「YOKOHAMA　わたしの防災力ノート」を発行している。
（２）　女性関連施設データベースは次の URL を参照のこと。https://winet.nwec. jp/sisetu/outline.php3（2020 年 8 月 1 日最終アクセス）
（３）　全国女性会館協議会は、1956 年に婦人会館を語る会として発足して以降、全国の女性関連施設をつなぐ全国組織として活動をしている団体。会員館は、2020 年 4 月現在、全国で 92 施設となっている。
（４）　国立女性教育会館が、東日本大震災のあとに男女共同参画センターで実施された災害関連事業についての網羅的な調査を行っている（国立女性教育会館 2013）。また、仙台の男女共同参画センターの取り組みは、せんだい男女共同参画財団（2017）に詳しい。このほか、男女共同参画センターが実施している災害関連事業については、国立女性教育会館の「NWEC 災害復興支援女性アーカイブ」で情報が蓄積・公開されている。
（５）　このときに行われた支援活動については全国女性会館協議会が発行している『東日本大震災女性センターネットワーク事業活動報告』（2013）に詳しい。
（６）　各年の事業報告書が内閣府男女共同参画局のサイトに掲載されている。http://www.gender.go.jp/policy/saigai/bo-reports.html（2020 年 8 月 1 日最終アクセス）
（７）　このシンポジウムの記録は次の URL から読むことができる。https://www. sendai-l.jp/jbf/page02/（2020 年 8 月 1 日最終アクセス）

（8）　ただし、被災地域に全国女性会館協議会会員館がない地域もあり、災害
　　　時の女性支援をカバーするために、より広域なネットワークが必要である
　　　などの課題も指摘されている（木須 2018）。

（9）　熊本市男女共同参画センターはあもいにの取り組みについては、熊本市
　　　男女共同参画センターはあもいに（2018）の調査報告書に詳しい。

（10）　この指針は、2020 年 5 月に「災害対応力を強化する女性の視点〜男女共
　　　同参画の視点からの防災・復興ガイドライン〜」として改訂、公表されて
　　　いる。新しいガイドラインは、2013 年に出された指針に基づきながら、よ
　　　り詳細に男女共同参画部局および男女共同参画センターの役割について明
　　　記している。

（11）　国立女性教育会館（NWEC）の女性関連施設データベースの事業項目を
　　　「防災」で検索すると、2005 年までは一けた台だった事業が 2006 年以降 20
　　　件前後となり、さらに 2011 年には 112 件と広がり、その後も、2014 年まで
　　　は 100 件前後の事業が実施されていることがわかる。2015 年以降は、60 件
　　　前後の事業がヒットする。

（12）　内閣府男女共同参画局の作成した男女共同参画の視点からの防災研修プロ
　　　グラムは次の URL で公開されている。http://www.gender.go.jp/policy/saigai/bosai_
　　　kenshu.html（2020 年 8 月 1 日最終アクセス）

（13）　女性非正規公務員問題については、筆者も編著者となって刊行した、『官
　　　製ワーキングプアの女性たち』（岩波書店、2020）に詳しい。

（14）　静岡市女性会館の調査結果は、次の URL で公表されている。https://aicel21.
　　　jp/wp/wp-content/uploads/2020/05/c947ad09bd15f25cf4af76ca5fc4dcc8-1.pdf（2020
　　　年 12 月 1 日最終アクセス）
　　　　また、その後、同様の調査が、浜松市、大阪府豊中市、東京都大田区、
　　　広島市の男女共同参画センターやセンターの受託団体などが主体となり行
　　　われている。

（15）　コロナ下の女性への影響と課題に関する研究会と緊急提言については、
　　　次の URL で公表されている。https://www.gender.go.jp/kaigi/kento/covid-19/
　　　index.html（2020 年 12 月 1 日最終アクセス）

【参考文献】
戒能民江 2018「「非正規」婦人相談員について」『生活協同組合研究』第 512
　　号、pp.14–20、公益財団法人生協総合研究所

木須八重子 2018「「あるってだいじ」〜そして、つながる　男女共同参画セン
　　ター」『We learn』第 778 号、pp.8-9、日本女性学習財団

熊本市男女共同参画センターはあもにい 2018『熊本地震を経験した「育児中の
　　女性」へのアンケート調査 報告書』

国立女性教育会館 2013『女性関連施設の災害関連事業に関する調査報告・事例
　　集』国立女性教育会館

瀬山紀子 2013「公立女性関連施設における公務非正規問題を考える」『労働法
　　律旬報』第 1783・1784 号、pp.138-145、旬報社

全国女性会館協議会編 2013『東日本大震災女性センターネットワーク事業活動
　　報告』全国女性会館協議会

全国女性会館協議会編 2014『災害（復興）・防災における男女共同参画セン
　　ター／女性センターの役割・位置づけに関するアンケート調査』全国女性
　　会館協議会

せんだい男女共同参画財団編 2017『よりよく生き延びる　3・11 と男女共同参
　　画センター』新潮社

〈男女共同参画センターが行なう相談事業の現状と課題〉研究会 2014『男女共
　　同参画センターの実態と課題──全国調査結果・報告書』〈男女共同参画セ
　　ンターが行なう相談事業の現状と課題〉研究会

内閣府男女共同参画局・特定非営利活動法人全国女性会館協議会・公益財団法
　　人横浜市男女共同参画推進協会 2012『災害時における男女共同参画セン
　　ターの役割調査報告書』内閣府男女共同参画局

内閣府男女共同参画局 2013『男女共同参画の視点からの防災・復興の取組指針』
　　内閣府男女共同参画局

日本女性学習財団編 2012『被災地支援者のエンパワーメントに関する調査研
　　究：東日本大震災復興支援事業報告書』日本女性学習財団

日本女性学習財団編 2012「事業報告　シンポジウム災害・復興拠点としての女
　　性センターを考える──3.11 以降この一年を語りあう」『We learn』第 709
　　号、pp.4-7、日本女性学習財団

東日本大震災女性支援ネットワーク 2013『東日本大震災「災害・復興時におけ
　　る女性と子どもへの暴力」に関する調査報告書』東日本大震災女性支援ネッ
　　トワーク

堀久美・木下みゆき 2020『女性の震災記録活動がもつ新しい社会創造の可能性に
　　ついての実証的研究』（科学研究費助成事業 基盤研究（C）17K02068 報告書）

●第 **6** 章●

避難生活における女性支援とその課題
福島原子力災害がもたらしたもの

薄 井 篤 子

は じ め に

　2011 年 3 月 11 日の東日本大震災・東京電力福島第一原子力発電所事故は、地震の規模や被害の地域、犠牲者数などにおいて、これまでの想定をはるかに超えた大災害であった。

　震災直後、東京電力福島第一原子力発電所では原子炉内設備の損壊、核燃料の溶解をともなう深刻な事故が発生、放射性物質の広範かつ長期にわたる拡散が現実のものとなった。半径 20 キロ圏内と放射線量の高い地域は立ち入りが規制される「退避指示区域」となり、住民は福島県内陸部の中通りや県外へと避難を余儀なくされた。目に見えない放射性物質による広域の環境汚染が広がり、避難指示区域には含まれなかった区域の住民が、健康被害などを懸念して、自発的に原子力発電所から遠く離れた市あるいは他県へ移った。

　この間、全国各地で行政による二次避難所の開設と受け入れが表明されていった。近隣の山形県、新潟県や埼玉県、東京都などでは、体育館やイベント施設などの公的施設に大規模な避難所が開設された。行政による公営住宅の提供や民間の宿泊施設の借り上げ、民間や個人による住宅提供などの二次・三次避難所の提供などは全国各地で行われた。受け入れの条件などは各自治体に

　よって異なっていたが、公営住宅の場合は半年の無償提供や、災害救助法の応急仮設住宅とする「みなし仮設」として無償提供などがされた。その後、長い時間が経った現在も全国の避難者数は、約4万2,500人、全国47都道府県、940の市区町村で（2020年11月27日現在）避難生活を送っている[1]。

　東日本大震災、とくに原子力災害は、いままでの自然災害が想定してきたような被害を超えた事態をもたらした。まず1つ目は、被災者が自治体を超えて、多くの人々が全国各地に広域避難を行った。「広域避難者」という呼称も東日本大震災において初めて広く用いられているもので、今回の災害の特殊性をよく伝えている[2]。2つ目は、避難指示が出されたものの、その区域を縮小するために「年間20mSv（マイクロシーベルト）」と線引きの基準を上げたことで、区域外からも自分で判断して避難する人が多く出たことである。3つ目は、長く避難指示が続いたことで避難が長期化し、指示が解除されても帰還を選ばなかった人が多いことである。行政の救済制度は期限があり画一的な仕組みを前提としているため、避難生活が続くなか当初の支援策は個別の生活事情は考慮されることもなく次々と打ち切られた。その結果として、避難者の生活再建が困難になりやすい状況が生じている。これが4つ目である。

　「避難」と言えば、災害発生後の緊急時の対応の課題として捉えられ、避難所の環境や運営が中心となっている。しかし避難所から出たあとの生活はどうなるのであろうか。とくに遠く離れた場所に避難すれば被災者ではなくなるのか。今回の原発事故での避難は国からの指示があり、自然災害とは異なる特殊なケースとみなされるかもしれない。では他の災害時の避難者がすべて被災前の居住地に戻っているかというと必ずしもそうではなく、避難した人の生活は今まであまり問題とされず、見えない存在だったのではないか。東日本大震災においても津波からの避難も多かったが、本稿では上に挙げた4点をもとに長期で広域なものとなった原発事故からの避難を中心に論じていく。「避難」という視点から災害・復興を考える——それが福島・原発事故の経験から私たちが学んだことだと思うからである[3]。

1　避難者との出会いから見えてきたこと

避難者との出会い

　震災および原発事故による避難が全国に広がっているなか、私は埼玉県で被災地に物資を送る団体に加わっていた。3 月 17 日から埼玉県の多目的施設・さいたまスーパーアリーナ（以下、アリーナ）が広域避難者を受け入れることが決まり、それを知るやいなや、アリーナから徒歩 5 分の場所にある埼玉県の男女共同参画推進センター（以下、センター）に向かった。ここ数年来ボランティア・スタッフとして事業の手伝いなどを行っていた場所である。センターで県内のさまざまな団体が連携してアリーナで活動し始めようとしている情報を得て、翌早朝、集合場所へ向かった。長く子育て支援活動を行っている女性と協力して子育て中の避難家族の支援を行うことを決めた。その当時センターにはシャワー室が設置されていたことから、私はセンターでシャワー提供を担当することになった。急ピッチで子育て家族用にと乳幼児用品をそろえ、スタッフも集め、アリーナで案内のチラシを配り始めた。それから 3 月 31 日のアリーナ閉鎖までの日々は想像を超える忙しさであった。

　シャワーを提供するうちにより多くの方に利用してもらいたいという声がボランティアから出たため、すべての避難者へ案内することになった。男性たちは和室で横になり無言の人が多かったが、女性たちは必要な物資を探し、おしゃべりをする方がほとんどだった。私たちは事故当時の様子からアリーナにたどり着くまでの壮絶な話に驚き、ニーズの聞き取りに努めた。アリーナは混雑しており、支援物資が欲しくても避難している女性たちにとって男性ボランティアに尋ねにくい物もあるし、欲しいサイズもそろっていない。私たちはゆっくり選べるようにアリーナからセンターへ支援物資を運びこみ、足らないものは購入した。子どもたちの遊びの時間も増やして、その間母親たちには休息してもらった。

　近隣の銭湯への送迎バスが出るようになったため、シャワーの利用者は減る

だろうと予想したが、そうではなかった。センター自体がバリアフリーで、シャワー室も介護者が入れる配慮がなされていたため、高齢の方や障害がある方にとってはシャワー室の方がありがたいと利用者が増えた。いつ何時でも介護や育児から離れられない母親や嫁や娘という女性たちの姿に接し、この空間が少しの間でもほっとできる場になれればと願った。本来ならばアリーナの中にも女性専用スペースのような空間が設置されればよかったのだが、叶わなかった。

女性たちの声を聞く

　アリーナの中では「女性たち限定のハンドケア」を行う女性グループが活動していた。DV被害者への支援者、助産師、地方議員、弁護士などのグループで、女性避難者たちのニーズを聞き取る必要があると思い立ち、急遽ハンドケアのやり方を学び、毎日夕方から机を出した。私もシャワー提供終了後、アリーナへ向かい活動に加わり、ハンドケアを行いながら女性たちの声に耳を傾けた。アリーナの女性トイレにはセンターの電話相談の案内カードを置いてまわった。センターで「女性たちだけの交流会」も開催した。

　アリーナやセンターで出会った女性たちは「原発事故からの避難者」に対する社会の視線をすでに気にかけていた。おそらくしばらくのあいだ町には戻れないだろう、避難先で子どもがいろいろ言われるのではないか、埼玉県は福島からの避難者を受け入れてくれるだろうか、と気がかりな胸の内を語ってくれた。当時は事故に関する情報が曖昧で先の見通しがたたなかったが、「大丈夫、ひとまず安心して埼玉県で生活してね」としか言えなかった。その言葉を発した者としての責任を感じたのはアリーナが閉鎖した翌日（4月1日）のことで、避難者がバラバラになっていくこれからが本格的な支援活動の始まりだと気がついた。県内各地の避難所を訪問し、電話相談の案内カードを配った。県内にはアリーナ以外にも大勢避難していたことを知り、愕然とした。避難所の閉鎖後は、弁護士や司法書士などの支援グループで相談会や賠償説明会などを開催し、一人でも多くの避難者とつながろうと努めた。

　県内各地で避難者支援が必要だと考え、避難者が多い市の男女共同参画課や男女共同参画センターに赴き、避難者支援の要望をして回ったが、どこも反応は芳しくなかった。「市全体で支援しているので、男女共同参画課だけの取り組みなんてありえない」と説教されたことも多々あった。男女共同参画推進は災害時には機能しなくなる部門なのだと思わされた。

交流の場づくり——「さいがい・つながりカフェ」の立ち上げ

　まずは実例を作ることが必要だと思い、他県での支援情報を参考にしながら9月からセンターで避難者向けの交流会を毎月2回開催することにした。それが「さいがい・つながりカフェ」である。センターから会場費の負担やスタッフの協力を得てスタートした。はじめのうち避難者の参加がなかったが、だんだんと来てくれる人が増えていった。その方たちは福島市や郡山市、茨城県・千葉県などからのいわゆる「区域外避難者」（以下、「自主避難者」）であった。この間、浪江町や双葉町からの避難者と関わることが多かった私は、この出会いによって県内には自主的に避難してきた人たちが大勢いる、多様な避難者がいる現状を実感することができた[4]。これを機に、福島、山形、新潟、宮城の母子避難の支援団体ネットワークに加わり、県を超えた広域での情報交換を続けた。

　2012年3月には一年の間に知り合った県内の女性支援者たちに声をかけ「あれから1年。そして、これから：埼玉県内の被災者支援の現場で考えてきたこと、みえてきたこと」というトークセッションを開催した。その後、県内では各地に交流会の種まきをしていった[5]。全国の支援団体との交流が始まり、各地で同じように避難者支援に取り組んでいる様子を知った。西日本は自主避難の母子家庭も多く、その活動から学ぶことが多々あった。個人情報の壁が大きく、避難者にどのようにして支援情報を届けられるのか、どの団体も悩んでいることがわかった。避難者の生活再建に本格的に取り組むためにNPO法人を立ち上げ、2017年からは「県外避難者等への相談・交流・説明会事業」を受託して電話や面接による相談対応を行っている[6]。個々の相談には避難先

の自治体や地域の社会資源、専門団体との協力によって対応する以外になく、県内で多様な連携による支援体制を築くのが今の目標である。

この間、無我夢中で動きまわってきたが、振り返れば避難者を受け入れた側の支援体制を充実させること、とくに女性支援にこだわってきた。そのつど悩んできたことは避難者支援にとって共通の課題であったと思える。

2　分断を超えて「避難する権利」を認める

強制避難と自主避難——さまざまな分断

1995 年に起きた阪神・淡路大震災においても、多くの被災者が県外へと避難し、被災自治体では避難者の情報を把握することが困難であった。支援情報が届かず、避難者は復興の道のりから置き去りにされ、正確な県外避難者数は今もわからないという[7]。その経験を踏まえて、総務省は東日本大震災の避難者を対象として「全国避難者情報システム」を稼働させた。避難者は避難先の市町村へ避難していることを届け、その情報を避難元の県や市町村に提供し、当該情報に基づき、避難元の市町村や県が避難者への情報提供などを行うというシステムである。ただし登録のためには避難者自らが避難先市町村へ向かい、窓口で登録用紙に記入しなければならず、実際にはこのシステム自体を知らずに支援情報が届いていない避難者も多かった。

原発事故による避難に関してはさらに別の対応が必要であった。福島原発事故以前の原子力災害対策は、原子力災害に特有な除染などの放射線汚染対策や、避難の長期化に伴って生活再建支援の仕組みが欠如しており、被災者支援施策についてそもそも法制度が存在していなかった。そこで広域避難する原発避難者への制度的対応として定められたのが 2011（平成23）年 8 月 12 日に公布・施行された「原発避難者特例法」（東日本大震災における原子力発電所の事故による災害に対処するための避難住民に係る事務処理の特例及び住所移転者に係る措置に関する法律）である。これは全国各地に避難している住民に、要介護認定などに関する事務、保育所入所に関する事務、予防接種に関する事務、児童

生徒の就学などに関する事務など、住民の行政サービスを避難先の自治体が代行する制度で、対象はいわき市、田村市、南相馬市、川俣町、広野町、楢葉町、富岡町、大熊町、双葉町、浪江町、川内村、葛尾村、飯舘村の13市町村とされた。それ以外の自治体から避難する住民については、避難先の自治体の「努力義務」とされた。

　しかし、「避難者への対応」の問題を表面化させたのはこの13市町村以外からも全国各地に多くの自主避難者が避難しているという点であった。自主避難の女性たちは子育て中の世代が多く、子どもの被ばくを恐れ自主的に避難したのであったが、周囲からは理解されにくく支援もなかった。不自由な避難生活を送っているという点では同じ状況にあるが、一方は避難指示によって帰れない状況にあり、一方は補助や支援が不十分な状況にあって、避難者としての連帯を図るのが難しく問題を語りにくくしてしまう状況にあった。制度の適用範囲が異なることで生み出される「分断」は絶えず各所に発生し、避難者はそのたびに振り回されてきた。とくに「避難指示による避難」と「自主避難」の間の分断は大きくその後の避難生活を左右していった。

原発事故子ども・被災者支援法の制定

　自主避難者たちには政府・東京電力からの支援や賠償が十分でないことから、各地で必要な支援を求める声があがり、そのための法律が野党与党超党派の議員立法により成立した。それが「原発事故子ども・被災者支援法」（東京電力原子力事故により被災した子どもをはじめとする住民等の生活を守り支えるための被災者の生活支援等に関する施策の推進に関する法律）（以下、「原発事故子ども・被災者支援法」）である。2012（平成24）年6月21日全党派、全国会議員の賛成のもとに制定された。その基本理念の第2条2項には以下のように明記されている。

　　　被災者生活支援等施策は、被災者一人一人が第八条第一項の支援対象地域[8]における居住、他の地域への移動及び移動前の地域への帰還についての選択を自らの意思によって行うことができるよう、被災者がそのいず

れを選択した場合であっても適切に支援するものでなければならない。

しかし、制定後、1年以上もの間実施されず、具体化されなかった。被災者や関連市民団体は政府に宛てて基本方針の1日も早い策定を求め、支援ニーズに応える政策実現を求める要望書を提出するなどの活動が続いた。ようやく2013（平成25）年10月11日、「基本方針」が閣議決定した。「居住する権利」「避難する権利」「帰還する権利」を基本理念として、避難する人も、とどまる人も、どちらの選択をした場合も、国が支援することを定めたという点において避難者にとって大変重要な法律である。ただ、具体的には自主避難者への高速道路料金の無料化措置以外には基本的に既存の制度の踏襲で、新規施策が欠落している点に多くの批判の声があがった[9]。

国際的な基準からみる「避難の権利」

「原発事故子ども・被災者支援法」の基本方針案が復興庁によって策定されないまま棚上げされた状態であった2012年11月、国連人権理事会の「健康を享受する権利」特別報告者であるグローバー氏による来日調査が行われた。この来日は、公衆の被ばく限度に関する告知を大幅に緩和し、「年間20mSv」を避難基準として設定した政策の推進に危機感を募らせた複数のNGOが報告者に調査を求め、実現したものであった。2013年5月に提出された報告書では、日本も締約国となっている「社会権規約」にある「すべての者が到達可能な最高水準の身体及び精神の健康を享受する権利」（第12条）をはじめとする国際的な権利や、日本国憲法第25条の「健康で文化的な最低限度の生活を営む権利」を根拠として、日本国政府に原発事故によって影響を受けた被災者の「健康を享受する権利」の保障のための施策の実施が勧告されていた[10]。日本政府はこのグローバー報告への反論、修正要求を提出する一方、復興庁はホームページ上で「原発事故子ども・被災者支援法」の基本方針案を示し、短期間のパブリック・コメントの募集と短い予告のみで2回の説明会を行って先の基本方針を決定したという流れである。

こうした取り組みは、避難の問題を国際的な視野で考えていく契機となっ

た。その一つが「国内避難民（IDPs）」の問題である。世界の難民・避難民の
うち、武力紛争による避難住民よりも災害による避難民のほうが多い。人々が
家やコミュニティを捨てて移動しなければならない第一の原因は、戦争よりも
災害であることが明らかになりつつある[11]。1998 年に国内避難民に関する国
連事務総長特別代表による「国内避難民に関する指導原則」（「指導原則」）が国
連人権委員会に提出されたが、そこでは国内避難民とは「武力紛争、人権侵害
または自然災害もしくは人為的災害の影響の結果として、またはそうした影響
を避けるために、住居または常居所地から逃れもしくは離れることを余儀なく
された人であって、国境を越えていかないもの」と定義されている。地震・津
波で家を失った被災者はもちろん、原発からの放射線汚染の影響で自宅からの
避難を余儀なくされた人々および避難を選択した人々もこれに該当する。

　「指導原則」の基本的理念で重要なのは、国内避難民に人道援助を与える第
一義的な義務が国家にあること、国家は国内避難民が自発的にかつ尊厳を持っ
て元の居住地に戻ることができるよう、その所有財産を回復し、また補償を得
ることが可能になるよう支援する義務がある、とされている点である。ここに
は避難に関する保護、支援、帰還、再定住、再統合までのすべてのプロセスが
包含される[12]。

　複合的な災害・紛争などや自然災害に対する関係機関間の意思決定を円滑に
するために 1992 年に設立された IASC（Inter-Agency Standing Committee 機関間常
設委員会）が作成した『自然災害時における人々の保護に関する IASC ガイド
ライン』でも「1. 避難は自主的であるか強制的であるかを問わず、被災者の生
命、尊厳、自由及び安全に対する権利を完全に尊重し、何人も差別されない方
法で実施されるべきである。（A.1.4）　2. 被災者の移動に対する権利は、避難を
強いられたか否かを問わず、尊重し、保護されるべきである。この権利は、危
険地域に留まるかまたはそこから離れるかを自由に決める権利を含むものとし
て理解されるべきである。（D.2.1）」と記されている[13]。

　被災／避難によって人々は地域社会における暮らし、社会人・仕事人として
の役割、家庭生活や家族の中での役割、培ってきたものの多くを失ってしま

う。序章でも言及されている「スフィア基準」においては「被災者（避難者）には①尊厳ある生活への権利、②人道援助を受ける権利、③保護と安全への権利、という3つの権利がある」と記されている。自主的であるか強制的であるかを問わず、避難する権利を認められたうえで、避難先で生活を安定させ日常を取り戻すように援助される権利がある。その支援の主体は元の居住地か避難先かという二者択一ではなく、両者で、国で責任をもって対応すべきである。これはまさに「原発事故子ども・被災者支援法」の理念でもある。

　私は国際基準を知ったことで「生活再建とは避難者が尊厳のある生活を取り戻すこと」と認識することができ、支援に迷いがなくなった。規模は異なっても災害が発生すれば避難者を生み出す。災害大国である日本において国内避難の問題は広く共有されるべきである。

3　女性支援に取り組むために

男女共同参画の視点からの防災・復興・避難者支援

　私が愚直なほど女性たちへの支援にこだわり続けたのは理由がある。2010年末に出された第3次男女共同参画基本計画の第14分野に「被災時や復興段階における女性をめぐる諸問題を解決するため、男女共同参画の視点を取り入れた防災（復興）体制を確立する」という基本方針が書きこまれた。その学習会が国立女性教育会館（NWEC）で開催され、参加している最中に東日本大地震が発生したからである。このときの経験、さらにアリーナやセンターでの出会いによって防災・復興に女性の視点の重要性を痛感した。どの災害においても重要であるが、避難者支援においてもこの視点が欠かせない、さらに原発事故からの避難の場合はさらに重要になると考えた。日本は女性が安心できる住居や仕事を確保することが難しく、賃金が低いため経済的な不安がつきまとう、育児や介護の責務が圧倒的に女性に重い等々、女性たちが安定して暮らしていくのは容易ではない社会である。避難すればいっそう困難な状況に陥るのは間違いない。さらに今回は被ばく、健康や妊娠への不安が大きく、甲状腺を

含む検査情報や相談事業などが長期的に必要である。被ばくから子どもを遠ざけようと母子で避難したケースにおいて顕著であるが、ほとんどの避難者が家族分離、世帯分離を余儀なくされており、急な家族形態の変化の影響は女性たちに及びやすい。序章での指摘のとおり、避難によって生じる困難は社会のジェンダー不均衡に直結している。それゆえに生活再建にこそ男女共同参画の視点が欠かせない。

　そもそも東日本大震災はその対応には男女共同参画の視点が欠かせないということを明記した災害であった。2011（平成23）年 6 月 24 日に決定された東日本大震災復興基本法には「女性、子ども、障害者等を含めた多様な国民の意見が反映されるべきこと」、7 月 29 日に決定（8 月 11 日改定）された『東日本大震災からの復興の基本方針』でも「1　基本的考え方」の（ix）として「男女共同参画の観点から、復興のあらゆる場・組織に、女性の参画を促進する。あわせて、子ども・障害者等あらゆる人々が住みやすい共生社会を実現する」と書かれている。続く復興施策の箇所にも女性に関する記述が散見される[14]。避難者への記述に限るとさほど多くないが、この段階から次のような指摘があった点には注目したい。

　　　被災地や避難先における、不安や偏見等に基づく多様な人権問題に対し
　　　適切に対処するとともに、その発生を防止する取組みを行い、被災者の孤
　　　立を防止する。このほか女性の悩み相談を実施する。（『東日本大震災から
　　　の復興の基本方針』(2) 地域における暮らしの再生　①地域の支え合い（iv））

　内閣府男女共同参画局は 2011（平成23）年 5 月から岩手県において、同年 9 月から宮城県において、2012（平成24）年 2 月、福島県を含めた 3 県において全国の NPO や男女共同参画センターなどの相談員を派遣し、「東日本大震災による女性の様々な不安や悩み、女性に対する暴力に関する相談事業」を行った。福島県では現在も継続中で、2020 年現在 4,000 件の着信があり、初めてかけてくる女性が 3 割を占めるという。電話相談が長く継続することの重要性を痛感する[15]。

　2013 年 5 月には内閣府男女共同参画局より、地方公共団体において自主的

表1 『男女共同参画の視点からの防災・復興の取組指針』

5　復旧・復興
（4）被災者の生活再建支援等
□災害公営住宅を整備するに当たっては、計画・設計の段階において意思決定の場に女性が参画するとともに、事実上、家事や介護を担うことの多い女性から住宅の仕様等についての意見を聴き、これらの意見を踏まえた住宅を建設すること。住宅には、入居者同士の交流等が図れるよう、集会等に利用するための施設を設置することが望ましい。 □生活等への支援に関わる関係者が、業務の遂行に際して、男女共同参画の視点を反映することを可能とするため、男女共同参画の視点からの災害対応に関する研修を実施。 □被災者の自立支援をきめ細かに進めるため、生活支援員等を配置するなどの支援。生活支援員が見守り活動を行う際には、男女両方の支援員が訪問等を行うこと。なお、行政による生活支援には限界があることから、民間支援団体等と積極的に連携を図ること。 □母子家庭のみならず、父子家庭への支援も必要なことから、ひとり親家庭に対する自立支援策を実施。 □男女共同参画センターは、平常時から行っている相談事業、情報提供事業、広報・啓発事業等に加え、地方公共団体の関係機関や地域の人材・団体との連携等を通じて、男女共同参画の視点からの情報提供や相談対応、男女共同参画に関する課題に取り組むNPOやボランティアの活動拠点等の被災者支援を行う。
6　広域的避難の支援
大規模災害等において被災者が広域的な避難を行う場合、全国避難者情報システムへの登録を呼びかけるとともに、特に、女性は子どもとともに母子で避難することが多いと想定されることから、実態やニーズを把握し、必要な対策を講じること。

　な取り組みを推進する観点からの『男女共同参画の視点からの防災・復興の取組指針』（以下、『指針』）が出された。「各段階において必要とされる取組」の中で本章に関連する項目について挙げてみる（表1）[16]。

　7年後の2020年5月には地方公共団体が取り組むべき事項をまとめた『災害対応力を強化する女性の視点〜男女共同参画の視点からの防災・復興ガイドライン〜』（以下、『ガイドライン』）が発表された[17]。今回「広域避難者の支援」という文言はみあたらないが、「28　市町村域等を越えた避難生活」がそれにあたると思われる。本章に関連する箇所は表2である。

　以上のように『指針』や『ガイドライン』には、長期・広域避難者の生活再建への対応として考えられるべき取組項目が網羅されている。2013年の『指針』作成の段階ですでに女性たちの避難生活の困難は十分に予想されていた。では、実際にはこれらの項目はどの程度取り組まれてきた（いる）のであろう

表2　『災害対応力を強化する女性の視点』

避難生活
28　市町村域等を越えた避難生活
□遠隔地で避難生活をおくる場合、子育てや介護上の心配・負担が増大したり、世帯が市町村域等を越えて分離して生活したり、家族関係が複雑となるケースも少なくないため、男女別の課題の把握や支援を行う。 □遠隔地で避難生活を送る女性たちが繋がれる場や機会を提供する。
【解説】 避難生活が長期化するにつれ状況も変化し、課題は個人や世帯によって多様化・個別化する傾向にあるため、ライフステージの変化も踏まえた長期的な避難を見据えた支援が必要。
復旧・復興
34　生活再建のための生業や就労の回復
□女性の雇用を通じて被災後の人口減少を抑制し、復興の促進やコミュニティ維持を図る。 □仕事復帰における男女の差を減らすため、子供や介護を必要とする高齢者の預け先の早期確保、仕事と家庭を両立しやすい職場環境の整備、所得補償、雇用継続の取組を行う。 □緊急雇用対策事業や復興基金を活用して雇用創出、職業紹介、職業訓練等を実施する際には、女性が利用しやすいような工夫を行う。 □雇用統計を分析し、活用する。 □生活再建の支援制度について、適切に情報発信する。
35　生活再建のための心のケア
□男女共同参画部局や男女共同参画センターが平素から設置している相談機能を活用する。 □女性に対する暴力等の予防に関する啓発や相談対応を行う。

か。自分の活動で直面したことを振り返り、実行するためには何が必要なのか考えてみたい。

ジェンダー視点を持った災害ケースマネージメントを

　『指針』には「行政による生活支援には限界があることから、民間支援団体等と積極的に連携を図ること」とある。確かに各地で多くの支援団体が交流会を開催し、分散する避難者のつながり維持と生活支援に努めてきた。しかし、個人情報保護法制度が壁となり、支援団体には避難者情報を得るのが難しく、多くの団体はもどかしさを感じながら情報発信を行ってきた。個人情報保護法や災害対策基本法では、生命の安全にかかわる緊急時には本人の同意は不要とされている。避難者個人の権利と保護のために個人の情報を正しく活用して保

護につなげていくことができるはずだが、逆に居場所がわからず支援が届かないという状況を生んでしまったという非難もある。導入された避難者情報システムが避難中の生活支援体制づくりに活用されてきたのか検証も必要だと思う。

　民間の支援団体などへの個人情報の開示に慎重にならざるを得ないならば、やはり国や自治体において避難者の実態把握を行ったうえで、その情報を民間支援団体や専門機関などと共有し活用していけば、互いの特性を生かした対応がさらにできたのではないだろうか。その点を考えてみれば、『指針』『ガイドライン』にあるように男女共同参画の視点からの生活支援を実行するためには、初動の段階でこそ国・自治体の男女共同参画担当が避難者対応体制の中に参画し、避難の実態を調査する必要があった。たとえば避難生活において第一に重要なことは住まいの確保である[18]。広域避難者の場合、多くは災害公営住宅などの入居ではなくみなし応急仮設住宅での生活であり、不安定な状況に置かれてきた。2017 年 3 月末の自主避難者への住宅無償供与終了は、とくに母子避難者に経済的な困難をもたらす結果となった[19]。その後、帰還困難な地域を抱える町や村からの避難者への住宅無償提供も打ち切られた。このような住居支援策に振り回されて避難者の生活がどのような影響を受けるのか、危機感を持って現状の把握に努めない限り、上に上げた取組項目を実施するのは難しい。

　避難生活の長期化とともに避難者は個別化し、固有の困難は把握されにくくなり、孤立化が進む。そこでそれぞれの避難者の生活実情に対応するために、各地で暮らしの状況を把握し、困窮した個人や世帯を中心に地域の社会資源が結集して支援策のパッケージングをして対応する「災害ケースマネージメント」の導入が進められている[20]。災害ケースマネージメントはアウトリーチを重要とする。支援が必要なのに SOS を出せず、沈黙の中で耐えている被災者／避難者がいるのでは、という視点にたって積極的に働きかけ（戸別訪問、相談会の開催など）を行うものである。「特に女性たちは声を挙げにくい」という認識があるのであれば、この「支援の総合化」の中に男女共同参画の視点を

持つ担当職員や専門家が積極的に参画する必要がある。

　山形県は 2019 年度より原発避難者に対して災害ケースマネージメントを導入した[21]。山形県では 2013 年から生活相談員らが全戸訪問調査を行っており、当初より「山形県復興・避難者支援室」が創設され、生活支援相談員、市町村社会福祉協議会、県社会福祉協議会、支援団体および支援機関、関連機関、福島県山形駐在職員などが連携して「やまがた避難者支援協働ネットワーク」として定期的な話し合いを継続してきた。災害ケースマネージメント導入後は、気になるケースを抽出しケース会議で個別の支援計画を作って対応する体制となった。本事業の担当者に聞き取りをしたところ、連携の中で男女共同参画推進センターは参加していないが関連の相談ケースが生じた場合はつなぎ先として想定されており、2020 年現在のところまだそうした事例はないということであった。きめ細やかな自立支援を実践する自治体においても、支援ネットワークの中に男女共同参画担当は参加しない現状があるが、今後の連携を期待したい。

　ネットワークへの参画が難しいとすれば、『指針』にあるように、この視点を持つ人材を増やす必要がある。個別訪問や支援マッチングを行うチーム、社会福祉協議会や保健師、弁護士、地域包括支援センター、ハローワーク等々のメンバーにジェンダー視点があれば、アウトリーチやアセスメントのさいに女性および多様な存在の声を聞き取り、女性相談や男女センターにつなぐ可能性が高くなる。自治体内の危機管理課や住民担当課に女性相談の視点が浸透していることの重要性は言うまでもない。先に言及したように住宅は生活の基盤であり、その不安定さは他の困難を生み出していく。まずは誰でも安定した住まいを確保することを最優先とし、他の支援につなげながら総合的な生活支援体制を活かすことが必要だ。繰り返し指摘されているが、平時より各自治体において包括的な生活支援体制が構築されており、その会議体に男女共同参画担当部署または男女共同参画の視点が浸透していれば、いつ災害が起こり、避難者の受け入れを行うことになっても慌てることはないのである。

　避難者の生活再建支援に関わっている者は誰でも、一人ひとりに届く支援、

実態に沿ったきめ細かな対応が必要であると痛感している。今回の原発避難では世帯が分離するケースも多かった。もはや従来の家族単位の発想ではなく、一人の意思を尊重して対応しない限り、社会的・経済的孤立や疎外による苦しみに対応できないのである。その点から考えれば、災害ケースマネージメントは、女性支援の課題にとって効果をもたらすのではないか。たとえば、被災者生活再建支援金が「世帯」に交付されるというシステムは、支給の単位は一人ひとりとするのが望ましいし、それが今後あるべき姿ではないだろうか。個々の実情に応じて適切な保護や支援を受けるような仕組みさえあれば、女性たちは避難の体験をバネにして自分らしく新たな生活を営むことができるはずである。男女共同参画社会基本法第4条「社会における制度又は慣行が男女の社会における活動の選択に対して及ぼす影響をできる限り中立なものとするように配慮されなければならない」という原点に立ち、現行の支援法や制度を本格的に検証する時期に来ている。

復興庁の設置

　最後になったが、東日本大震災からの復興を目的として、2012（平成24）年2月10日に設置された「復興庁」についても触れておきたい。復興対策本部と現地対策本部事務局に、復興過程における男女共同参画を推進する体制として男女共同参画班が設けられた。復興の現場において男女共同参画の観点がいっそう取り入れられるよう、男女共同参画に関する取組事例を収集・公表するとともに、被災地における男女共同参画の視点の浸透などに努めている[22]。『男女共同参画の視点からの復興〜参考事例集〜』には女性、子ども、障害者など、多様な存在の意見を反映しながら地域社会の再興を目指す姿が紹介されており、『指針』や『ガイドライン』の実践例である、と言えるであろう。ただ全体として見れば被災地域での取り組みが多く、広域避難者の「復興」をとらえることの難しさが伺える。

　復興庁は当初の計画からさらに10年延長し2031年3月31日までとする『「復興・創生期間」後における東日本大震災からの復興の基本方針』が2019

年12月20日に閣議決定された⁽²³⁾。「この間、復興は大きく前進し、地震・津波被災地では復興の総仕上げの段階に入っており、原子力災害被災地においても復興・再生が本格的に始まっている」と総括されている。しかし「復興」とは、災害によって大きく変わってしまった生活が平時の日常を取り戻すことであり、それは被災地および被災地の住民だけではなく、被災地から遠く離れた場所で暮らしている避難者にとっても同様である。これからの10年は、福島の経験を教訓とし、災害後の避難（移動）の長期化に伴う故郷喪失の克服と生活再建に向けた制度や政策づくり期間にできるかどうか問われる。『ガイドライン』でも「ライフステージの変化も踏まえた長期的な避難を見据えた支援が必要」と記されているのだから、政府にはこれからの10年において継続的に女性たちの生活データを収集し、ジェンダー分析を行う責務があることを改めて強調しておきたい。

おわりに──避難の問題は現在進行形である

　東日本大震災・原発事故から10年。避難生活も長期化し、避難先に自宅や仕事を確保した人たちも多い。復興住宅の再建がほぼ終わり、国からの財政措置はさらに細っていくだろう。原発災害の責任が曖昧なままで、避難者支援策は避難先の福祉などの一般施策に移行すべきだ、との考えが広がり、実際に災害ケースマネージメントはそうした取り組みではある。しかし、一般の福祉的支援と異なる難しさもある。多くの避難者はいまだ「住民票がある自治体」と「実際に住んでいる自治体」が異なる事態にいる。避難者に帰還か移住かの決定を迫っていけば「避難」という状態は確かに終了となるが、元の住居地と一定程度の関係を保ちたいと考えている人も少なくない。住民としての地位が曖昧なまま、9年以上もそうした状況が続いており、帰還か移住の二者択一に収まることがいかに難しいかを示している。どちらでもない選択肢の保障や二重住民登録のような仕組みの提案も何度もなされてきたが、実際にはまだ実現していない⁽²⁴⁾。支援や補償は「〇年〇月まで」と区切りをつけるが、人の生活

や心境はそうした制度の時間軸とは一緒ではないのである。そうした宙ぶらりんの状況を持続させている以上、国は「避難とその後の生活というテーマ」に取り組み続けなくてはならない。

　住民避難に混乱が生じた反省から、2013年9月の原子力防災会議において原発周辺の自治体には「広域避難計画」の策定が義務付けられた。県外の避難先との調整は進んでいるのだろうか。福島原発事故の教訓と経験を踏まえ、その計画に女性への配慮や女性支援体制が含まれているか検証していく必要がある。

　さらに言えば、原発周辺の住民のみならず、続く数々の災害や新型コロナウイルスの感染拡大などの経験を通して、私たちは生き延びるために家を追われる可能性が身近に感じられるようになったのではないか。だからこそ、どこに避難することになろうとも、女性にも男性にも安全および保護の保障と生活再建の支援体制が整っている男女共同参画社会を構築していかねばならない。

【注】
（1）　復興庁発表による。2020年11月27日時点でも依然として全国の避難者数は、4万2,560人となっており、うち3万4,079人は、元の居住地とは異なる都道府県（福島県から2万9,359人、宮城県から3,788人、岩手県から932人）に避難している。復興庁は毎月末、全国の避難者数を発表し続けているが、実際の一部に過ぎない。
（2）　1995年の阪神・淡路大震災のさい、民間による支援や報道、行政など多くの場面では「県外被災者」という表現が使われていた。
（3）　原発避難の問題と避難者の現状については以下を参照。
　　・山本薫子・高木竜輔・佐藤彰彦・山下祐介 2015『原発避難者の声を聞く──復興政策の何が問題か』（岩波ブックレット）
　　・長谷川公一・山本薫子編 2017『シリーズ　被災地から未来を考える　①原発震災と避難　原子力政策の転換は可能か』有斐閣、の中の第3章山本薫子「「原発避難」をめぐる問題の諸相と課題」と第4章の高木竜輔「避難指示区域からの原発被災者における生活再建とその課題」を参照
　　・関礼子編著 2018『被災と避難の社会学』東信堂

- 丹波史紀・清水晶紀編著 2019『ふくしま原子力災害からの複線型復興 ──一人ひとりの生活再建と「尊厳」の回復に向けて』ミネルヴァ書房

（4）　自主避難者については以下を参照。
- 森松明希子 2013『母子避難、心の軌跡──家族で訴訟を決意するため』かもがわ出版
- 吉田千亜 2016『ルポ母子避難──消されゆく原発事故被害者』岩波新書
- 田並尚恵 2018「東日本大震災における県外避難者の諸相：近畿と岡山の避難者調査を中心に」『災害復興研究』第 9 号、pp.105–115、関西学院大学災害復興制度研究所

（5）　埼玉県新座市、春日部市、羽生市で月一回の交流会を開始した。春日部市の交流会は支援仲間の震災ネットワーク埼玉によって運営されている。新座市、羽生市の交流会は終了、加須市にある双葉町では老人会女性部との交流会を続けている。この間、特定非営利活動法人全国女性会館協議会、独立行政法人国立女性教育会館、県内の多くの女性団体から支援をいただいた。改めて御礼申し上げます。

（6）　「県外避難者等への相談・交流・説明会事業」とは、福島県から県外に避難されている方が、避難先で直接帰還や生活再建に向けて必要な情報を入手したり、相談できる拠点。その他相談・交流会なども開催している。福島県が復興庁の被災者支援総合交付金を活用し、地域の NPO などに委託して全国 26 か所に設置している。https://www.reconstruction.go.jp/topics/main-cat4/sub-cat4-2/2017/20170614175512.html

（7）　田並尚恵 2010「阪神・淡路大震災の県外被災者」『災害復興研究』第 2 号、pp.143–159、関西学院大学災害復興制度研究所。

（8）　第 8 条第 1 項の支援対象地域とは、「その地域における放射線量が政府による避難に係る指示が行われるべき基準を下回っているが一定の基準以上である地域」を指している。

（9）　日野行介 2014『福島原発事故　被災者支援政策の欺瞞』岩波新書

（10）　『国連「健康に対する権利」特別報告者アナンド・グローバー氏による福島に関する調査報告書』（原文・英語）ヒューマンライツ・ナウ https://hrn.or.jp/activities/fukushima/

（11）　国連人道問題調整事務所（OCHA）の HP より。http://www.unocha.org/japan/ 国内避難民。国内避難の状況に関する情報機関である国内避難民モデ

リングセンター（IDMC）の報告によると、世界中で紛争や災害によって国内避難を余儀なくされた人は2019年1年間で新たに3,300万人増え、国内避難民の総数は過去最多の計5,080万人となった。そのうち850万人は紛争などで逃れた人々だった。自然災害による国内避難民は、2019年1年間で2,500万人近くに上った。

https://www.internal-displacement.org/globalreport/grid2020/

　なお、国連人道問題調整事務所（OCHA）では、人道支援におけるジェンダーに配慮したアプローチの重要性に焦点を当て、ジェンダー分析に基づいたプログラムを推進している。http://www.unocha.org/themes/gender-equality programming

　国内難民全般については、島田征夫編 2005『国内避難民と国際法』信山社、墓田桂 2015『国内避難民の国際的保護——越境する人道行動の可能性と限界』勁草書房、を参照。福島第一原発事故による国内避難民の問題提起としては、モシニャガ・アンナ 2018「国内避難民って知ってますか？　福島からの洞察」『論座』

https://webronza.asahi.com/politics/articles/2018112600012.html を参照。

（12）　我が国は、長らく国内避難民支援は「海外での問題」という姿勢であったが、2017年末に、日本を対象とした国連の人権状況審査UPR（普遍的・定期的レビュー）でも「福島第一原発事故の全ての被災者に国内避難民に関する指導原則を適用すること」が勧告され、日本政府はこの勧告についてフォローアップに同意している。このことを契機に原発事故による避難者から公式な日本語訳が求められ、グリーンピース・ジャパンが原発事故避難者とともに外務省に日本語訳を要請、国会議員なども外務省に働きかけた。2018年7月、外務省国際協力局緊急・人道支援課は、日本語化の着手を表明し、2019年仮訳が外務省ホームページで公開された。

https://www.mofa.go.jp/mofaj/files/000536758.pdf

（13）　ブルッキングス・LSE国内強制移動プロジェクト『自然災害時における人々の保護に関するIASC活動ガイドライン（日本語版）』、2011年11月。

（14）　男女共同参画局のHP内の「災害対応力を強化する女性の視点」を参照。「東日本大震災からの復興の基本方針（男女共同参画関係部分抜粋）」

http://www.gender.go.jp/policy/saigai/pdf/saigai_20.pdf

（15）　3県で1,465件の相談に対応したと報告されている。発災後時間が経過し、本格的な生活再建に直面し始めたことに伴い、相談内容がより複雑化・多様化する傾向が見られたとの報告を受け、それ以降も相談事業は3県で

継続され、2017 年度までは 3 県で実施された。福島県での相談事業では、当初は 30 〜 40 代の子育て中の世代が 4 割と中心であったが、徐々に高齢者の相談が増えてきたという。担当団体の代表者は「避難の長期化では『戻る』『戻らない』を巡る夫婦間、親子間の意見の相違がよくあります。高齢の女性には『自分が我慢すればいい』と悩みを抱え込んだまま孤立する傾向が強くなっている」「事故や避難による直接的な心労に加え、9 年たっても理解してくれる人がそばにいない心痛が重なっている」とコメントしている。朝日新聞 2020 年 3 月 11 日「「浜通り出身」言えぬ孤独」苅米照子（NPO 法人ウィメンズスペースふくしま理事）。

（16）　男女共同参画局 2013『男女共同参画の視点からの防災・復興の取組指針』。

（17）　男女共同参画局 2020『災害対応力を強化する女性の視点〜男女共同参画の視点からの防災・復興ガイドライン〜』
http://www.gender.go.jp/policy/saigai/fukkou/guideline.html

（18）　長く自主避難者支援に取り組んでいる「避難の協同センター」事務局長の瀬戸大作氏は住宅支援に関して以下のように指摘している。
　　「日本の居住政策には、住まいの確保は基本的人権として保障するという考えが欠けている。法律で保障された公的住宅支援は、生活保護制度と生活困窮者自立支援法による居住確保給付金制度しかなく、避難者が明らかな貧困状態になければ活用できない。被災者支援が一気に生活困窮者支援に移行してしまう」2017 年 5 月に開催された衆議院東日本大震災復興特別委員会での参考人意見陳述提起資料『避難の協同センターからの現状報告』。

（19）　なお、2013 年以降の避難者には住宅無償提供などの生活支援はいっさいなされていない。

（20）　災害ケースマネージメントについては津久井進 2020『災害ケースマネジメント　ガイドブック』合同出版、を参照。各地で災害ケースマネージメントを実施する自治体も増えてきた。2016 年 10 月の鳥取県中部地震後、鳥取県は 2018 年 3 月に「鳥取県防災及び危機管理に関する基本条例」を改正した。これが全国で初めての災害ケースマネージメントの制度化とされている。同県の被災者生活再建支援事業のパンフレットには「生活の心のケア・健康相談」の相談先一覧の中に県男女共同参画センターの相談室が案内されている。2019 年度末の時点では相談はないとのことであった。

（21）　山形県防災くらし安心部防災危機管理課復興・避難者支援室

https://www.pref.yamagata.jp/bousai/kochibou/bousaijouhou/shienjosei/network/index.html

　山形県では 2011 年度から東日本大震災により山形県内に避難されている方へアンケート調査を実施している。2020（令和 2）年度調査において「今後、県内で期待する支援は」という問いに対して、「生活情報の提供の充実」と「住宅に関すること」が 28.1 ％で最多（回答数：153 世帯回収率：28.0 ％）。

（22）　復興庁男女共同参画班については HP を参照。

https://www.reconstruction.go.jp/topics/main-cat1/sub-cat1-16/index.html

（23）　復興庁「復興・創生期間」については HP を参照。https://www.reconstruction.go.jp/topics/main-cat12/sub-cat12-1/20191219163929.html「復興・創生期間」とは 2016 年度より 2020 年度末までの期間である。

（24）　山中茂樹 2015「解説　原発事故避難地域の二地域居住を実現する諸条件の整備について」『災害復興研究』第 7 号、pp.1-7、関西学院大学災害復興制度研究所。日本学術会議東日本大震災復興支援委員会・原子力発電所事故に伴う健康影響評価と国民の健康管理並びに医療のあり方検討分科会 2017『東日本大震災に伴う原発避難者の住民としての地位に関する提言』

http://www.scj.go.jp/ja/info/kohyo/pdf/kohyo-23-t170929.pdf

●第 7 章●

環境社会学と女性視点

長谷川公一

---

1 環境社会学の創設——飯島伸子の貢献

　日本の社会科学、社会学の様々な分野の中で、創設に女性が中心的な役割を果たした稀少な学問分野がある。環境社会学であり、創始者は飯島伸子（1938-2001年）である[1]。1967 年 11 月に東京大学大学院社会学研究科に提出された飯島伸子の修士論文「地域社会と公害——住民の反応を中心として」（飯島 1968-69）は、環境社会学的な問題意識と方法による、世界最初の本格的な学術論文であり、日本の環境社会学の出発点となった。それゆえ私たちは国際的な場で、飯島を「環境社会学の母」と呼んできた。

　環境社会学は 1978 年にライリー・ダンラップらによって提唱されたものだが、「環境社会学」という名称こそ使わなかったものの、その 10 年前に、公害問題の社会学的な研究を飯島は開始していたのである。写真は、「環境社会学の父」と呼ばれるダンラップが 1999 年に来日したさい、談笑する飯島である。

　飯島は、化学会社勤務を経て当時 29 歳の社会人大学院生だった。水俣や三島・沼津などでの現地調査をとおして飯島が直面した公害問題や被害の現実を社会学的な手法によって分析したものである。当時は、公害問題は社会学の研究テーマたりうるのかが問われていた。「公害問題を社会学的に把握するなどということが、この短かい期間で出来るのであろうか？　方法論は何であろう

飯島伸子と「環境社会学の父」ライリー・ダ
ンラップ（1999年6月東京にて、堀川三郎氏撮
影・提供）

か？　修士論文のテーマとしては認められにくいのではないだろうか？　とい
うのが、私をとらえていた不安であった。」（飯島〔1968〕2002：324）。飯島自
身、修士論文提出から半年後の時点で、『技術史研究』の会員通信欄でこのよ
うに述懐していた。

　自らの研究史をふりかえった、逝去8か月前の東京都立大学の最終講義で、
飯島は、化学会社に勤務していた自分が、社内の技術者から現代技術史研究会
に誘われ、その研究会のメンバーから、「社会学の分野からも災害や公害問題
を研究していく人が必要だから、あなた、社会学の大学院に行って、研究者に
なって社会学の方からこうした問題を研究したらどうですか」と強く勧められ
たこと、「この時、要請されたことを私は今も約束事として律しております」
と述べている（飯島〔2001〕2002：295）。そして、1965年11月に福武直の東京
大学公開講座での講演「公害と地域社会」（福武 1966）を聴講したことを契機
に、飯島は民間会社から大学院に転じるのである。公害研究者・飯島伸子の出
発である。

　こうした苦闘ののちに、社会学から飯島が学び、ようやく獲得した視点が、

青井和夫らの「生活構造論」（青井・松原・副田編 1971）から示唆を得た、公害
被害を、生活構造全体に対する被害として総合的に把握するという「被害構造
論」だった（飯島 1993）。

　飯島は家族関係・近隣との人間関係を含む精神的・社会的影響を重視した。
水俣病、カナダにおける水銀中毒、スモン病（キノホルム整腸剤による薬害）な
どの被害者調査を通じて、被害は身体的被害にとどまらないこと、しかも弱者
に集中する傾向が強いことを明らかにした。飯島の被害構造論は、加害－被害
関係の構造的連関、社会的弱者への被害の集中、被害の複合性などを指摘した
点において、Bullard（1994）などの「環境的公正論」の先駆けとみることがで
きる。

　2011 年 3 月の福島原発事故による避難者の生活の困難と心理的疎外・家族
関係への影響は、飯島の被害構造論の再評価をもたらした（藤川 2017）。

2　環境研究の第二の波

　1989 年秋の日本社会学会のテーマセッションで、飯島・鳥越皓之・舩橋晴
俊らが中心となって、初めて「環境」が取り扱われたのを契機に、研究会の起
ちあげが呼びかけられ、1990 年に会員 53 名で研究会がスタート、92 年に学会
に移行した。飯島は、研究会発足時から、1995 年まで計 5 年にわたって会長
を務めた。飯島は病を得て、東京都立大学を定年退職してから半年後の 2001
年 11 月に 63 歳で病没したが、環境社会学会は 2005 年に 735 名の会員数とな
るなど、順調に会員を拡大していた。アメリカ社会学会の「環境と技術」セク
ションをしのぎ、世界の環境社会学会の中で最大規模である。

　環境社会学研究会が環境社会学会に移行した 1992 年は、「環境と開発に関す
る国連会議（リオ・サミット）」が開かれた年である。東西ドイツの統一（1990
年 10 月）、ソ連邦からロシアへの移行（1991 年 12 月）などのヨーロッパにおけ
る冷戦構造の解体を背景に、世界的に環境問題に対する関心が高まった「環境
研究の第二の波」の時期だった。「環境研究の第一の波」とされるのは、ス

144

トックホルムで、第1回の国連人間環境会議が開かれ、コンピューター・シミュレーションにもとづいて食糧危機・資源不足による危機の到来と地球の有限性を警告した『成長の限界』が刊行され、大きな反響を引き起こした1972年である。自然科学中心だった第一の波に対して、「第二の波」においては、世界的に社会科学的な環境研究への関心が高まった。環境汚染の原因・自然科学的なメカニズムの究明に加えて、環境政策の有効性、環境にかかわる企業や人間の行動の変容の必要性が問われるようになってくると、環境法・経済政策・社会学的な研究が要請されてくるからである。日本でも環境経済・政策学会が1995年に、環境法政策学会が1997年に発足した。

　社会学的な公害研究、環境社会学の専門性の確立と、専門家集団の中での社会的認知に成功したことは、飯島の大きな功績である。飯島は決して声高ではなかったが、鳥越皓之・舩橋晴俊らの助力を得て、環境社会学の組織化に成功し、結果的に組織者としても大きな成功をおさめた[2]。

　社会学でも欧米の影響を色濃く受けた分野が少なくないが、日本の環境社会学は、輸入学的ではなく、相対的に独自性が強い。加害・被害構造への着目、生活者・被害者の視点、コミュニティレベルでの分析を特徴とする。四大公害病（水俣病・新潟水俣病・イタイイタイ病・四日市ぜんそく）や大規模開発問題などの環境問題の日本の現実の中から出発したためである。現在もなおそうであり、海外の環境社会学の影響力はそれほど強くない。むしろ公害問題や大規模開発問題の深刻さ、エネルギー政策転換の必要性など、共通の問題を抱える韓国・中国・台湾の環境社会学に対して影響を与えてきた。2008年から、これらの国々と隔年で4か国持ち回りで、東アジア環境社会学シンポジウムを開催している。

3　嘉田由紀子らの生活環境主義

　環境社会学会の2人目の女性の会長（2003-05年）は、のちに全国で5人目の女性知事として滋賀県知事を2期（2006-14年）務め、現在（2017年以降）参

院議員の嘉田由紀子である[3]。社会学者で知事となり、参院議員となったのは、日本では嘉田が初めてである。嘉田は、鳥越皓之らとともに琵琶湖に注目、伝統的用排水システムの意義を高く評価し、滋賀県職員として琵琶湖博物館の創設（1982年）に尽力した（鳥越・嘉田編 1984）。環境共生的な生活知の意義を再評価し、鳥越らとともに、近代技術主義・自然環境主義に対置する生活環境主義を提唱した。生活環境主義は、生活上の知識や経験の集成である生活文化、地域に固有の環境への働きかけの伝統をもとに、当該地域の居住者の立場から問題の所在や解決方法を考えようとするアプローチである。欧米の自然保護運動で主流の「自然環境主義」では、しばしば人間の立ち入りを禁止する「保護区」を設定し、自然と人間の生活を隔離しようとするのに対し、それでは、枝打ち、山菜採り、下草刈り、キノコ狩り等々、入会地としての里山への季節ごとの働きかけなどのように、自然に対して働きかけて成立してきた地元民の生活が維持できなくなると批判する。

　現時点では、歴代の会長の中で女性はこの2人に限られているが、関礼子、原口弥生、堀畑まなみ、神長唯をはじめ、飯島が東京都立大学で育てた中堅層の女性研究者の活躍が近年目立っている。有機農業研究の桝潟俊子、エコ・フェミニズム研究の萩原なつ子、環境倫理研究の福永真弓ら、環境社会学会では、女性研究者の功績とリーダーシップが顕著である。

4　いのちと女性の視点

　国際的に見ても、社会問題としての環境問題の提起に、女性は大きな役割を果たしてきた。環境保全・農薬の規制に関して世論喚起に大きく貢献したのは、『沈黙の春』（Carson 1962）の作者、アメリカの女性生物学者レイチェル・カーソン（1907-64年）だった。ノルウェーの女性首相グロ・ハーレム・ブルントラントは、彼女が委員長を務めたことからブルントラント委員会とも呼ばれる、国連の「環境と開発に関する世界委員会」（1983-87年）で指導的な役割を果たし、今日のSDGs（持続可能な開発目標）の先駆けとなる「持続可能な発

146

展」の概念が普及するのに大きく貢献した。ケニアの環境活動家ワンガリ・マータイ（1940-2011 年）は、ケニアをはじめ、アフリカ各地で砂漠化防止のための植林運動を進め、2004 年ノーベル平和賞を受賞した。環境分野の活動家として、またアフリカの女性として初のノーベル平和賞の受賞である。

　日本でも、『苦海浄土』（石牟礼 1969）によって、水俣病被害者多発地域の漁民の心的世界を詩的に結晶化した石牟礼道子（1927-2018 年）、「複合汚染」（有吉 1975）を一躍流行語にした有吉佐和子（1931-84 年）、ダイオキシン汚染に関する社会的問題提起に努めた綿貫礼子（1928-2012 年）を始め、環境問題の問題提起者としての女性の役割は大きい。

　住民運動・消費者運動・生協運動などでも、女性は大きな役割を果たしてきた。経済成長を優先する価値を相対化し、それをチェックし、対抗しようとする運動、生命や人々の生活、福祉、環境保全を重視する運動、自然との共生や社会的弱者との共生を重視する運動は、主に女性たちが牽引してきたのである。

5　エコ・フェミニズム論争をどう考えるべきか

　女性の人権と環境問題、また環境保全における女性の役割の尊重という視点は、1992 年の前述のリオ・サミットを契機に、主要なテーマの1つとして国際会議の議題に上るようになった。「貧困の女性化」と呼ばれるように、貧困に直面している人口の多くは女性である。環境破壊の被害者もまた女性や子どもなど、社会的弱者に集中している。女性の視点、ジェンダーの視点から環境問題を見ることの意義と必要性はまずこの点にある。

　第二に、飯島が強調したように、環境研究は価値関与的であり、問題解決への志向性・実践性を志向している。環境破壊的な現実を持続可能なものに転換するという変革志向性を帯びている。環境破壊を押し進めてきたのは、男性中心的で、利潤と効率を優先する近代社会のあり方である。環境運動においては、男性中心の産業社会が相対化され、自然との共生、エコロジーの価値、生

命の尊重など対抗的な価値が重視される。女性性は、これらの価値と親和的だ。

　自然と女性性を親和的なものとして、「人間による自然の支配と男性による女性の支配には重要な関係がある」と考えるのがエコロジカル・フェミニズム、エコ・フェミニズムである（萩原 2001）。フェミニズムが何をもたらしうるのか、フェミニズムの可能性を考えるうえで、エコ・フェミニズム的な発想は魅力的だ。しかし、自然および女性性が、男性中心の近代社会の抑圧の対象となってきたことに首肯するとして、自然と女性性の親和性にはどのような論理的な連関があるのだろうか。

　1985 年、青木やよい（1927-2009 年）と上野千鶴子との間で、「女は世界を救えるか」、エコ・フェミニズム論争が展開された。青木は、エコ・フェミニズムの観点から、「産む性」としての女性の身体性を評価し、感性としての女性原理の意義を強調し、女性解放が地球環境問題の解決をもたらすと主張した（青木 1986）。

　しかし女性性や女性原理を、女性に特有な、あるいは女性が本質的に持ちうるものとして、本質主義的に固定的に捉えることには疑問がある。女性的価値も男性的価値も、そもそも女性も男性も双方が持ち合わせているはずであり、二分法的に固定的に捉えるべきではない。それは性別役割分業を固定化することにつながる。上野は青木をこのように批判し、あわせて、日本的風土の中で「女性原理」を説くことが、母性イデオロギーに回収されることの危険性を指摘し、また青木が素朴に一面的に前近代世界を美化していると批判した（上野 1986）。

　日本におけるこのエコ・フェミニズム論争は、残念ながらその後深まりを見せずに、女性たちの環境運動の実践と理論としてのフェミニズムの主張とが基本的に分離したままで、環境政策や環境運動における「女性の周辺化」の傾向が続く結果となった（萩原 2001）。

　本質主義に陥ることなく、環境研究や災害研究におけるジェンダー視点の理論的・実践的意義を彫琢することは、今日なお避けて通ることのできない大きな課題である。

6　環境社会学と災害研究

　飯島は、公害問題における加害性を重視する観点から、「自然現象」という側面が強く、加害性が問えない自然災害と人為的災害としての公害をはっきりと峻別していた。飯島は社会的災害の中に、自然災害を含んでいなかった（原口 2010）。自然災害の場合に生じるのは一般に破壊（destruction）であり、公害の場合には汚染（pollution）である。自然災害の場合には、環境への影響は比較的短期間に修復されると考えられてきた。

　しかし東日本大震災のような自然災害の大規模化・広域化、複合災害の顕在化によって、また気候危機の顕在化・深刻化によって、このような前提は大きく変容しつつある。

　とくに福島原発事故に代表されるような複合災害の場合、東京電力および国の責任という人為的な契機をどのように評価し、刑事上および民事上の責任を問うべきか否かは、大きな争点である。

　2005 年にアメリカ東南部をおそったハリケーン・カトリーナによる多数の石油流出事故を例に、原口（2010）が先駆的に指摘したように、自然災害によって環境リスクが顕在化する場合もある。また過去の環境問題が、災害を契機に、新たな汚染源となることもある。原口は、ハリケーンの襲来によって、廃棄物処分場跡地周辺で、土壌の汚染濃度が上昇したケースに言及している。

　近年日本でも毎年のように、台風の巨大化による豪雨被害などの気候危機が顕在化し、深刻化している。2018 年 7 月岡山・広島・愛媛県などを襲った集中豪雨では 250 名以上が亡くなり、衝撃を与えた。構造的な背景は、気候変動による日本付近の平均海水温の上昇である。これらは、気候危機、気候非常事態がすでに日本周辺でも現実化していることを示している。German Watch が毎年発表している Global Climate Risk Index によれば、2018 年に世界でもっとも大きな気候被害を受けた国は日本であり、フィリピン、ドイツと続く。人口 10 万人あたりの死者数は 2 位、経済的な損失額も 2 位であり、総合的なリス

クは 1 位だった（German Watch 2019）。日本は気候危機にもっとも脆弱な国の一つである。

　気候危機の原因は人為的な要因にある。それゆえ、近年の豪雨被害は人為的なものに起因していないとは言い難い。自然災害と言えども、防災・減災体制が十分だったのか、という問題がつきまとう。その意味でも、自然災害を人為的な契機をまったく含まないものとみることは非現実的である。自然災害もまた自然的要素と人為的要素の複合的メカニズムの中から生まれるとみるべきである（序章参照）。

　実際、東日本大震災・福島原発事故の発災とともに、多くの環境社会学者がフィールドに入り、丹念な聴き取りを重ねることによって、当事者によって生きられた「意味の世界」を理解しようとする環境社会学的な手法によって、津波被害者や原発事故の避難者を対象とした調査を行っている（西城戸・宮内・黒田編 2016；関編 2018）。地域社会学者や災害社会学者、他分野の社会科学者などとの共同研究も活発に行われている（長谷川・保母・尾崎編 2016；長谷川・山本編 2017）。

　環境問題も自然災害も、人間社会がシステムの外部に想定した環境的要因に起因するハザード（危機）である。近代社会は、一見自己コントロール能力を高めたかのように見えるが、コントロールしえない問題として直面しているのが環境問題や自然災害である。

　環境社会学の研究対象は、環境と社会との相互作用であると言われる。環境社会学が提唱されるまで、社会学の研究対象は、社会関係・社会集団・地域社会・全体社会など、社会的な諸要素、システムの内部的な諸要素に限られてきた。社会的なものの自律性が、社会学の大前提だったのである。しかし農林水産業、食糧、景観、地形や地質、河川や湖沼・海洋、山、森林、気象、時間・空間等々、様々な自然環境的な諸要素・諸条件に私たちは大きく規定されている。決してそこから自由ではありえない。自然的な諸要素・諸条件にどのように働きかけ、共存してきたのか、そのことの現代的な意義を学びとる必要がある。

　環境共生的なあり方は、防災や減災、被災地域の復興にとっても大きな意義を持っている。東日本大震災の大きな教訓である。

　1995 年の阪神・淡路大震災、1999 年の台湾の 921 地震、2004 年のスマトラ沖の大地震と津波、2008 年の四川大地震、2010・11 年のタイの洪水、同年のオーストラリア・クイーンズランド州の洪水、2011 年 2 月のニュージーランド地震、2013 年 11 月のフィリピンの台風被害、2016 年の熊本地震など、アジア太平洋地域は、自然災害が多い。イタリアを除くとヨーロッパでは少ない。災害に強い社会、災害に強いコミュニティをつくるためには、回復力（レジリエンス resilience）の高い社会にとって、どのような社会的要因が重要なのか(4)、災害大国日本の研究者の国際的な大きな責務である。

7　感染症──新たな災害としてのパンデミック

　2020 年、世界は今、新型コロナ（COVID-19）による感染症の世界的な大流行（パンデミック）のただ中にある。いつ収束するのか、出口は見つかっていない。環境問題や自然災害と同様に、現代社会にとってコントロール困難な問題としてコロナ禍がある。このように捉えてみると、指摘されることは少ないようだが、気候危機とコロナ禍との間に次のような類似性が見えてくる。

　第 1 に、両者はともに世界全体が直面する危機（global crisis）である。コロナ禍のほうは 2 年から数年のタイムスパンで、生命の危機に直結する。気候危機のほうは、二酸化炭素などの温室効果ガスの濃度の増大による累積的帰結であり、今後 100 年以上続く長期的な問題である。しかしいずれも、全世界が共通に直面している地球全体の危機である。

　ただしウイルスによる感染症も、2003 年 3 月頃〜 7 月の SARS コロナ・ウイルスの流行、2014 年のエボラ出血熱の西アフリカでの大流行、2015 年 5 月からの MERS コロナ・ウイルスの流行、今回の新型コロナ・ウイルスと、21 世紀に入ってからだけでも、数年おきに流行している。今後も、いつ新たなウイルスが大流行するとも限らない。

第 2 に、したがって情報の交換など、国際的な連携・協力が不可欠である。

第 3 に、両者ともに現時点で、問題解決の技術的な手段「魔法の杖」が見つかっていない。

第 4 に、人類がこの災厄からいつ脱出できるのか、「出口」が不確定である。

第 5 に、ともに産業活動・日常生活のすべての局面に関連しているがゆえに、厄介である。

第 6 に、ウイルスも温室効果ガスも目に見えない。「不可視的（invisible）」である。

第 7 に、それゆえ疑心暗鬼になりやすい。他者不信に陥りやすいという新たなリスクがつきまとう。自覚せぬままに、他者を感染させる、温室効果ガスを大量に排出し続けることになりがちである。ゲーム理論的に言うと、非協力行動が可視化されにくく、当事者によっても自覚されにくいのである。

第 8 に、人類が自然を破壊してきたことによる問題の悪化という共通の構造がある。新型コロナの流行は、コウモリが持っていたウイルスに、何らかのルートで人間が感染したことに起因するとみられている。野生生物と人間との接点がひろがってきたことが感染リスクを高めている。気候危機も、温室効果ガスの大量排出に加えて、アマゾンなどの熱帯雨林の大規模な破壊が問題を加速している。

このように現代的な災害としての共通の構造と特徴がある。

コロナ禍とどう向き合うのか、気候危機とどう向き合うのか。私たちの叡智が試されている。

【注】

（1）　飯島伸子の学問的生涯については、友澤（2014）が詳しい。舩橋晴俊（2014：196；198）もまた、「飯島の研究は、前人未踏の領域に「道なき道を切り開き、その人の歩いた跡が道なる」というようなものであった」、「研究を通しての実践的貢献」という姿勢をしっかり堅持していたと、飯島の研究のパイオニアとしての先駆性と意義を讃えている。

（2） 筆者は、宇井純（1932-2006年）と飯島伸子の学問的交流および2人の立脚点の相違について考察したことがある（長谷川 2007）。

（3） 嘉田は知事退任後、その半生を振り返る講演を行っている（嘉田 2016）。

（4） Aldrich（2012=2015）は、日本などでの実証研究をもとに、地域社会の回復力を規定する要因として、水平的・垂直的社会的ネットワークなどの社会資本（social capital）の役割を重視している。

【参考文献】

青井和夫・松原治郎・副田義也編 1971『生活構造の理論』有斐閣

青木やよひ 1986『フェミニズムとエコロジー』新評論

有吉佐和子 1975『複合汚染』新潮社（文庫）

飯島伸子 1968-69「地域社会と公害——住民の反応を中心として」『技術史研究』第41号、pp.97-128；第42号、pp.71-114；第43号、pp.62-105；第44号、pp.80-107

飯島伸子〔1968〕2002「（会員通信）無題」『技術史研究』第41号『飯島伸子研究教育資料集』pp.323-325

飯島伸子 1993『改訂版 環境問題と被害者運動』学文社

飯島伸子〔2001〕2002「環境社会学研究と自分史」東京都立大学退官記念講演（最終講義）『飯島伸子研究教育資料集』pp.293-318

石牟礼道子 1969『苦海浄土——わが水俣病』講談社（文庫）

上野千鶴子 1986『女は世界を救えるか』勁草書房

嘉田由紀子 2016「アフリカでのコップ1杯の水の価値発見から琵琶湖保全へ——学者40年・滋賀県知事8年の経験から伝えたいこと」愛知県立大学講演『共生の文化研究』第10号、pp.6-18

関礼子編 2018『被災と避難の社会学』東信堂

友澤悠季 2014『「問い」としての公害——環境社会学者・飯島伸子の思索』勁草書房

鳥越皓之・嘉田由紀子編 1984『水と人の環境史——琵琶湖報告書』御茶の水書房

西城戸誠・宮内泰介・黒田暁編 2016『震災と地域再生——石巻市北上町に生きる人びと』法政大学出版局

萩原なつ子 2001「ジェンダーの視点で捉える環境問題——エコフェミニズムの立場から」長谷川公一編『講座環境社会学4 環境運動と政策のダイナミズ

ム』有斐閣、pp.35-64

長谷川公一 2007「社会学批判者としての宇井純——社会学的公害研究の原点」
『環境社会学研究』第 13 号、pp.214-223

長谷川公一・保母武彦・尾崎寛直編 2016『岐路に立つ震災復興——地域の再生
か消滅か』東京大学出版会

長谷川公一・山本薫子編 2017『原発震災と避難——原子力政策の転換は可能か』
有斐閣

原口弥生 2010「レジリエンス概念の射程——災害研究における環境社会学的ア
プローチ」『環境社会学研究』第 16 号、pp.19-32

福武直 1966「公害と地域社会」大河内一男編『東京大学公開講座 7　公害』東
京大学出版会、pp.195-221

藤川賢 2017「福島原発事故における避難指示解除と地域再建への課題——解決
過程の被害拡大と環境正義に関連して」藤川賢・渡辺伸一・堀畑まなみ『公
害・環境問題の放置構造と解決過程』東信堂、pp.271-304

舩橋晴俊 2014「飯島伸子　環境社会学のパイオニア」宮本憲一・淡路剛久編『公
害・環境研究のパイオニアたち——公害研究委員会の 50 年』岩波書店、
pp.183-200

Aldrich, Daniel P., 2012 *Building Resilience: Social Capital in Post-Disaster Recovery*.
Chicago: University of Chicago Press = 2015　石田祐・藤澤由和訳『災害復興に
おけるソーシャル・キャピタルの役割とは何か——地域再建とレジリエン
スの構築』ミネルヴァ書房

Bullard, Robert D., 1994, *Dumping in Dixie: Race, Class, and Environmental Quality*,
2nd ed., Boulder: Westview Press.

Carson, Rachel, 1962, *Silent Spring*, Fawcett = 1974　青樹簗一訳『沈黙の春』新潮社（文
庫）

German Watch, 2019, *Global Climate Risk Index 2020: Who Suffers Most from Extreme
Weather Events? Weather-Related Loss Events in 2018 and 1999 to 2018*（2020 年 9
月 30 日取得、https://www.germanwatch.org/sites/germanwatch.org/files/20-2-01e%20
Global%20Climate%20Risk%20Index%202020_14.pdf）

●終　章●

未来への提言
災害女性学から見る課題と展望

浅野富美枝・天 童 睦 子

　本書では、主に日本における 1990 年代以降の大震災（阪神・淡路、東日本、熊本など）に注目し、とくに東日本大震災以後の災害と女性をめぐる状況をみてきた。そこには多大な犠牲と引き換えに、私たちが学ぶべき多くの教訓と知見が蓄積されている。それらをもとに終章では、災害女性学から見えてくる課題を整理し、生活者の視点に立つ災害復興対策・防災計画への提言、国レベルでの法制度、女性政策の見直しに向けた課題に言及したい。

　本書の冒頭で、災害女性学は、1）災害のなかで女性たちが直面する諸問題を解明する可能性を持つこと、2）災害という非日常的状況にあって女性たちが人権と尊厳を損なうことなく被災後の生活を送ることができ、人間と社会の復旧・復興の主体となる社会を作りあげる力を持つこと、3）平常時の女性の社会的・文化的位置づけの現実を正確に認識し、そのうえで災害時や復興期の現実を分析・考察できることを挙げた。

　終章では本書全体から浮かび上がる具体的課題として、1. 被災者が「尊厳ある生活を営む権利」の保障、2. 女性視点と多様性の視点、3. 平時と非常時の連続性、4. 支援と受援、5. 重層的ネットワークの構築を挙げる。これらが災害女性学からみた課題のすべてではないが、まず押さえておくべき要点として紹介する。また、災害女性学のアプローチが構造的不平等の是正という大きな視点と、市民のネットワーク構築と連携のエンパワメントの実践をつなぎ、具体的

提言に結びつくことをふまえておく。

1　被災者が「尊厳ある生活を営む権利」の保障

人権にとってハイリスクな災害時

　第一の課題は、災害時、災害後に被災者が「尊厳ある生活を営む権利」の保障である。

　第 1 章（浅野富美枝）でみたように、「人間の復興」を女性のエンパワメントと関連づけ、被災者支援、災害からの復興、レジリエントな（回復力のある）国、地域社会の構築の根底には、災害時における人権の確保、人としての尊厳があることを強調したい。

　基本的人権の保障、すなわち男女平等、差別を受けない権利、個人の尊重、生命・自由・幸福追求の権利、教育を受ける権利、働く権利などは、平時に限ったものではない。人権の保障は、人権が脅かされそうな非常時にこそ、それは重要である。災害時のみならず、失職や事故、病気など、日常生活の基盤が壊されたときの人権を保障するために、社会保障、医療・福祉をはじめとしたさまざまな社会的セーフティネットがつくられている。災害時は人権が脅かされるリスクの高い典型的な非常時の一つである。

　2020 年 5 月に作成された「男女共同参画の視点からの防災・復興ガイドライン」[1]は、災害時における生きる権利、健康権、生活権、人間の尊厳、労働権、学習権、発達権、生存権、避難する権利などを網羅しており、人権の体系そのものである。このガイドラインを実効性あるものにするためには、被災者の人権保障と尊厳ある生活を営む権利保障が、災害対策基本法や今後制定されるべき復興基本法など、国レベルの法制度に明記され、実行するための体制が確保されることが必要である。

2　女性視点と多様性の視点

多様性をどうとらえるか

　第二の課題は、災害時の人権の確保、人としての尊厳の保持には、女性視点と多様性の視点が不可欠ということである。

　災害発生時に、高齢者および要介護者、妊娠・出産期の女性といったケアにニーズを持つ人に健康・安全上の配慮が必要であることはいうまでもない（日本弁護士連合会編 2012；田間 2013）。また、本書を通じて明らかにしてきたように、非常時の社会的ケアシステムの弱体化のなかで、女性へのケア負担が重くのしかかること、災害時の混乱状況においては、女性や子どもへの犯罪、性被害のリスクからも守られるべきであることなど、災害時のリスク軽減、災害対応における女性視点は不可欠である。

　では多様性の視点とはなにか。災害・防災関連分野での多様性については、いくつかの見方があるが、たとえば『男女共同参画の視点で実践する災害対策』（2013 年）では、「災害が被災者に与える影響の種類や程度は、一人ひとりの被災者それぞれに異なり」「そうした違いをもたらす要因については、性差以外にも、年齢、障害や病気の有無・種類、国籍・母語など」があること、こうした違いの多様性に配慮しながら被災者の状況を理解し適切な支援に取り組むことを、災害時の「多様性配慮」と表現している（減災と男女共同参画 研修推進センター編 2013）。

　私たちの社会は、子どもをはじめ、要介護者や障がい者、妊産婦、病気を抱える人などケアを必要とする人、性別、年齢（乳幼児、子ども、少年少女、高齢者など）、国籍・母語の違い、家族構成や就労状況のあり方、LGBTQ（性的少数者）など、さまざまな属性、社会環境、生活環境をもつ人々で成り立っている。多様性配慮は、諸個人の属性や社会環境、生活環境・個人的環境が一人ひとり異なること（多様性）に応じて、災害時の困難や被災状況は、一人ひとり異なることを認識することから始まる。

　ただし、ここで留意しておくべきことは、災害時、被災時の多様性配慮は、それぞれのニーズを聞くこと、当事者が声を挙げられる状況をつくる、といった支援者の意識と体制を整えることに重点がおかれるべきであり、支援者側が被災者を一方的に「差異のカテゴリー」で一括りにしたり、分断したりするものではないことである。

　長年宮城に住み、県国際化協会に携わってきたJ.F.モリス（日本近世史の研究者）は、『東日本大震災からの学び』で、3.11後の支援には、被災者を受動的で主体性に乏しい「弱いもの」として決めつけ、十分な状況把握と被災者のニーズのアセスを行わずに被支援者を一方的に「支援」するものが少なからず見受けられた、と振り返る。そして留学生、就労者、外国人配偶者といった多様な立場とニーズ、さまざまな地域での生活歴をもつ人々を、「外国人は要支援者」というレッテルでくくることは、対象者の自律・自立心を奪い、尊厳を傷つけ、地域社会との繋がりを弱める恐れがあることを懸念する（モリスほか編 2015：1-10）。

　また、被災者をすべて「同じ支援で皆平等」ととらえることは、必要な支援を受けられない人を発生させることになりかねず、災害のリスクを減らすこと、つまり減災にはならない。多様性に配慮した対応こそ減災への近道なのである。

多様性配慮は復興への道

　多様性への配慮は、災害リスクを軽減するだけではない。逆に防災・減災力を増大させる契機ともなりうる。あるLGBTQ当事者Iさんのケースをとりあげよう。

　東日本大震災時、H市のある避難所で、避難当初、髪は長いが腕力がある当事者に対して「男性なのか女性なのか」といぶかしげな周囲の雰囲気から離れるように、ひっそりと避難生活をしているIさんがいた。何かのきっかけで当事者自身が、自分は性的マイノリティであることをカミングアウトし、避難所の管理運営に携わっていた女性や避難者の女性たちがそれを受け入れ、更衣室

やトイレの女性用を使えるようになって、I さんを取り巻く状況は一変した。女性としてふるまえるようになった I さんの表情は明るくなり、「女性用更衣室に等身大の鏡がほしい」といった自分のニーズを率直に言えるようになった。また、一部の男性避難者が当事者を揶揄するような発言をすると、女性たちがたしなめる場面もみられた。避難所を去る際には自分が受け入れられたことがうれしかったと感謝して避難所を後にした I さんは、後に、仮設住宅の自治会長となり、被災地の地域コミュニティ再建に力を発揮した（内田 2012）。

　このほか、聴覚障害者のニーズを伝え教育につなげたケースもある。仙台市の聴覚障害をもった J さんは、発災後、J さんのもとに同じ障害をもった仲間が助けを求めて集まり、行政の窓口に出向いて聴覚障害者のニーズを伝え、口述筆記用の紙を設置するなど改善につなげた。J さんはこれを機会に大学に入りなおし、教員免許を取得し、特別支援学校の教員として同じ障害を持つ子どもたちの教育にあたっている。

　多様性への配慮は、被災者支援、復興の重要な力となりうる。多様性はすべての人が持っているものであり、すべての人が多様性の当事者である。多様性とはそれ自体が弱いことではない。多様性を持っている人を災害弱者にするのは社会である。

　災害時に配慮を必要とする人たちは、社会から忘れられがちで孤立しやすく、必要な情報を受ける環境にないことも多く、したがって、受けられるはずの支援から漏れやすい。このような人たちへの配慮は、災害対応に関する意思決定の場や実際の災害対応の場に当事者および当事者の状況を熟知している人の参画なしには実現しない。

　女性視点は多様性の視点とつながっている。ケア力は後天的・社会的につくられるものであり、女性固有の先天的な力ではない。にもかかわらず、ケア役割は女性という性別役割の強い日本では、乳幼児や高齢者、障がいをもった人たちへのケアの担い手は社会的にも私的にも圧倒的に女性であり、配慮を必要としている人たちのニーズに精通している人の多くは女性である。経済的にも社会的にも弱い立場に置かれがちな女性は、災害時に困難を抱える当事者にな

ることが多いだけでなく、ケアを必要とする当事者の近くにいることが多い。多様性への配慮が女性視点と結びついているゆえんである。

3 平時と非常時をつなぐ
災害時の不均衡は平常時のもう一つの姿

平時と非常時は連続している

　第三の課題は、災害時とは平常時のもう一つの姿であり、平時と非常時は連続していることの認識である。宮城の女性被災者支援（第2章 宗片恵美子）、福島原発事故による広域避難（第6章 薄井篤子）の事例で見たように、災害時に被災者支援活動に携わった人たちのなかには、震災以前から、子育て支援やDV問題、男女共同参画視点での女性支援などについて学習し、活動し、それらの取り組みの延長で動いた例が多い。

　災害時、女性がさまざまな場面で、多大な被害を受け困難な立場に置かれてきたことは、本書の執筆者が共通して指摘したが、その背景にあるのは、日常のなかの可視的／不可視的な男女格差である。平常時に見えにくかった諸問題は、災害時には覆いが取り払われて白日の下にさらされる。したがって、災害のリスクを軽減するには、災害時の対応のみならず、平常時の諸問題を解消する取り組みが求められる。

男女格差を温存する日本

　日本はいまなお男女格差を温存した国であり、国際比較で見ればジェンダー平等で後れを取っていると言わざるを得ない。世界経済フォーラムが毎年発表するジェンダー平等ランキングで日本は153か国中121位（2019年）と、先進国中最低のレベル、主要7か国（G7）では最下位である。とりわけ政治、経済分野での男女差は依然大きい。

　男女雇用機会均等法制定（1985年）から30年以上、男女共同参画社会基本法（1999年）から20年を経てなお、意思決定の場では男性が多数派である。

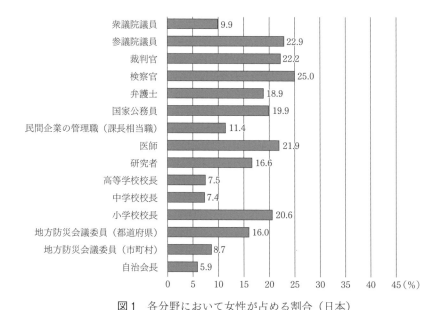

図1　各分野において女性が占める割合（日本）

出典：男女共同参画白書 2020（https://www.gender.go.jp/about_danjo/whitepaper/r02/zentai/html/zuhyo/zuhyo01-01-14.html）、天童 2020、p.7 などのデータをもとに作成。

　図1に示すように、国会議員の女性比率の低さはいまだに改善されず、企業の管理職、教育分野で指導的役割を担う女性割合も低い。地方防災会議委員（都道府県レベル）の割合は若干上向きにはなったが2割に届かない。市町村レベルの地方防災会議委員は全国平均で1割未満と低い。

　決定権のあるポジションや政権内に女性が一定割合就くことは、女性の権利にとって重要であるとともに、統治の本質的なところで、既存の規範にしばられない変革の可能性をもたらす。国家レベル、地方自治体、地域、職場、企業、教育機関、それぞれの場でのジェンダー平等な組織運営を具現化する地道な取り組みが欠かせない（天童 2020：7）。

4　支援と受援を通した地域市民のエンパワメント

支援と受援の協働

　第四の課題は、支援と受援を通した地域市民のエンパワメントである。災害被災者への支援／被支援の本質は、人間の尊厳の回復と災害からの「人間の復興」をめざす協働の営みであり、その営み自体が災害復興・防災ネットワークの構築である。また支援する側／される側双方の関係は対等であり、かつ双方のエンパワメントの契機となる。

　災害時の被災者支援活動は一般に、支援を提供する支援側と、支援を受け入れる側によって成立する。後者を「受援」側と呼ぶならば、支援を受ける側には、「他者の支援を受け入れる受援力」が必要になる（第1章注20）。

　災害時、とくに発災の初動期には支援する側と支援を受ける受援側とは非対称の関係が前面に出るが、災害からの復興を目指すという点で共通性を持つとき、支援側／受援側の関係の継続のなかで、双方の関係は次第に復興を目指す対等の関係へと変化する。支援者はいわば受援者の並走者となるのだ。

　交流の場の設定や物心両面にわたる具体的な支援の提供、交流の立ち位置については、双方は非対称の関係になりがちだ。また、片や自らの思いを語り、片やその思いを受容し共有するという点でも非対称的な関係にあるが、回を重ねるごとにそれは時に互換的となり、交流の場を双方が協働で作りあげる営みへと変化する。そしてそこに人と人との新しいつながりがうまれる。

　東日本大震災の際、そのような支援と受援は女性たちによる支援活動、とりわけ交流会活動（サロン活動）においてしばしば見られた。浅野富美枝は、自らが被災地宮城での支援にあたった経験から、また埼玉の男女共同参画推進センターの（With You さいたま、さいがい・つながりカフェ）交流会活動に参加するなかで、次のようにいう。逃げられない者の苦しみを引き受けるとは、何もしないのではなく、逃げられない者の苦しみの根源を異なった立ち位置から共有することであり、そこから対等の関係性が生まれる。ここに交流会活動の本

質がある（浅野 2020）。

　孤立防止からスタートした交流会活動の多くは、信頼関係が生まれるなか
で、当初みずからの体験を語ることや支援を受け入れることに消極的だった被
災者・避難者が、自分たちのニーズや思いを率直に語り始め、生きる力を獲得
し、必要な支援を求め、支援を受け入れる力（受援力）を獲得する過程をた
どった。他方、それは同時に、支援を提供する側が、被災者とのかかわりのな
かで、みずからを被災者と共に災害からの復興を担う一員だと認識する過程で
もあった。このような双方の変化は、支援活動がもたらした双方のエンパワメ
ントとも言えよう。

新自由主義下の災害対応

　自然災害時の緊急支援にあたる国際機関からなる IASC が作成した「自然災
害発生時の被災者保護に関する運用ガイドライン」（2011 年）では、「被災者は
慈善を受ける対象ではなく、特定の義務者に権利を主張できる権利保有者」で
あり、「被災者支援とは、被災者が必要な支援を求める権利を行使できるよう
支えること」とされている。支援を受けることは災害時の人権確保のための被
災者の権利であり、受動的な行為ではなく、能動的・主体的な行為であること
は、本書の被災者支援を取り扱った各章からもうかがえる。

　被災者・避難者が権利主体にエンパワメントされるには、知見の共有や実践
的な協働など、交流会活動を超えた契機が必要であるが、もの言う個人の回復
はその第一歩である。

　東日本大震災の後しばしば、支援を活用するには受援力が必要だということ
が言われてきた。受援力がないと援助を求めることができない。翻って今日の
日常をみれば、社会には自分が困ったときに頼れる制度があるということを知
らず、あるいは知ってはいても、その制度にアクセスし、使いこなすすべを知
らず、他人や社会を頼ることができずにいる若者や女性たちが少なくない。

　今の日本には、社会保障や社会福祉など、不十分ではあるが、それなりの
セーフティネット、法制度が整備されている。しかし、日本の福祉は申告制で

あるから、知らなければ利用できない。そして、困ったときに支援を受けることは権利であること、法律や政治は困ったときに使えるものだということ、その意味で政治とは生きることに密着したものであることを、学校でも家庭でも、地域でも若者に教える機会は少ない。その結果今日、社会的弱者の苦しさ・若者の生きづらさ、被災者・避難者の困難さもすべて、自身の努力が足りないから貧困に陥ったのだ、自己責任の結果である、と捉える新自由主義的な風潮が色濃くみられる。その結果、社会や外へ向けて自分の苦しさや貧困の原因を探り解決を求めるのではなく、自己の内部へ原因を求めることになる。

　政治とは本来、憲法の理念にのっとり、国民や住民が経済や労働、生活を安定させるためのもので、私たちの生活に密着したものであること、私たちの悩みや困難は社会や政治と深く結びついたものであり、社会の一員として社会に積極的に参画する権利と知見とスキルを教えるシティズンシップ教育は、災害時の受援力とエンパワメントにとっても重要である。実効性ある復興の担い手となるには、具体的な復興・防災の体験知とスキルの習得という第一の力、自身の思いや考えを表明する第二の力、そして災害関連政策の現状をジェンダー視点から批判的に考察し、課題と今後の方向性を見出し、意思決定の場に参画し、現状変革に向けて動くことのできる第三の力が必要である。

　被災体験という非日常の場で命をつなぐ直接的な営みは、性別役割分業の根強い社会では女性に負わされることが多く、そのなかで女性が第一の力を身につける機会は少なくない。この力は復興・防災だけでなく、生命の維持にとって不可欠の力であるだけに、本来の「人間の復興」とは相反する復興政策や時の政治権力においても安上がりで使い勝手の良い便利な力として利用されてきた。この力が単なる災害時の対症療法、被災の後始末として用いられるのではなく、「人間の復興」に沿った根本的な災害対応、防災・減災力として働くには、被災者・避難者の当事者としての声を広く社会へ向けて発信する第二の力、さらに批判的な考察力および政策策定能力・政治の場への参画力という第三の力が必要である。この意味で、第二波フェミニズムのなかで使われ始めた言葉に「個人的なことは政治的なこと」（The personal is political）があるが、この

言葉の意味を災害女性学の見地からもう一度かみしめる必要がある。

女性のエンパワメントの実践モデル

では、災害女性学の視点でどのような新たなモデルを生み出すことができるだろうか。

上述した「さいがい・つながりカフェ」のように、津波や原発事故からの避難者と避難者を受け入れた地域市民の出会いは各地で見られた。東日本大震災以降、各地の支援活動が、被災者同士、参加者全員が安心してつながりあえる場、自分を取り戻せる場を作り上げてきた年月は重い。とはいえ、市民の手による交流活動にはおのずと限界がある。とりわけ広域避難についていえば（第6章）、年月が過ぎるなかで、広域避難ゆえの数々の状況変化があり、サロン活動のみによって広域避難に伴う葛藤状況が消え去るわけではない。

災害や原発事故を契機とする「避難」という非日常の状態は、年月を経て「非日常の日常化」へと変貌する。避難による移動は一回とは限らず、いつ故郷に戻れるかもさだかではない日々が続く。今いる場所と帰るべき場所、家族のいる場所・いた場所、生きてきた場所、自分の居場所をめぐって、多層的で複雑な葛藤するアイデンティティ（自分らしさのゆくえ）を抱えることにもなろう（天童・浅野 2018；浅野・天童 2020）。

そのなかで、女性のエンパワメントのために必要な資源とはなにか。より具体的には、女性を中心とする「協働の場づくり」や「復興の主体」構築につながる資源とはなにか。

埼玉の「さいがい・つながりカフェ」の事例のほか、宗片恵美子らのイコールネット仙台、後述する宮城の南三陸で活動するウィメンズアイなどの聞き取り調査から見えてくるのは、運営の要となる人物、物理的資源（空間の提供、資金確保など公的・民間的支援）の程度、支援する／されるという関係から協働の場へと転回する、女性学的実践知の共有（ジェンダーに敏感な知識、バランスの取れた情報、相談・支援機能）、そして、組織運営の持続力が大事な要素となることだ（図2）。

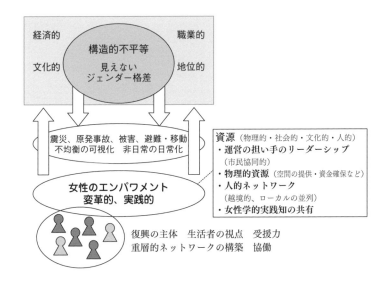

図2　女性のエンパワメント実践モデル　©Tendo, M.

女性支援から市民のエンパワメントへ——宮城の事例

　東日本大震災後、多くのボランティア、NPO が災害時、復興時に活動し、いまも活発に継続している組織、団体、個人は多い。ごく限られた例ではあるが、女性支援から女性のエンパワメントへとつながる宮城のケースを 2 つ紹介する。

　一つ目は、NPO 法人ウィメンズアイ（代表・石本めぐみ）の活動で、3.11 後のボランティアを契機に、2011 年 9 月から、被災地沿岸部の南三陸の仮設住宅集会所で女性が集まる場所づくりのため講座をスタートさせた。「テーマ型コミュニティ」と呼ぶ活動は、趣味、関心、課題など、参加者がテーマで集い、知り合うことから始まる。石本は、地域に根差す「女性の活動がレジリエントな（回復力ある）社会をつくる」という。ウィメンズアイは、現場感覚で女性の生業、起業、事業のサポートを重ね、講座、ワークショップは 800 回を超える。東北発の次世代女性リーダー育成にも取り組み、それは一国規模の枠を超え、ローカルな女性の活動がグローバルに結びつく例である（2019 年 1 月

「公開シンポジウム」)^{(2)}。

　宮城の女性のエンパワメントの事例としてもう一例、石巻市を拠点とする石巻復興支援ネットワーク「やっぺす」(代表理事・兼子佳恵) メンバーの語りも示唆に富む。沿岸部の石巻は東日本大震災により関連死を含めて 3,000 人を超す方が犠牲となった地域である。「復興は誰かに任せるのではなく、市民である私たち自身の手で実現しよう」と、子育て期の女性たちが中心となって活動を始めた。女性のビジネス支援、子育て支援、復興支援が重なり合って、たとえば女性向けの就労支援に学習しに来た人が、やがて力をつけて支援する側に回るといった、学びと活動を通した事務局運営の好循環が見て取れる (2020 年11 月「やっぺす」事務局インタビュー)^{(3)}。

　災害に強い社会、災害に強いコミュニティをつくるための社会的要因を考えるうえで一つの鍵は、地域女性、地域市民のエンパワメントにあることは本書各章からも確認できる。

5　重層的なネットワークの構築

重層的で共創的なネットワーク

　第五の課題として、重層的なネットワークの構築を挙げる。本書でいうネットワークの基本は対等な立場と自主的なつながりであるから、そこに権力関係や利害関係が持ち込まれたとき、それは本来のネットワークではなくなり、ネットワークは崩壊する。つまり、ネットワークとはさまざまな関係をもとに人と人が対等な立場で自主的に網の目のようにつながった組織とその活動形態をいう。ネットワークのスタートは個人である。個人が声をあげ、動くことによって、問題関心を共有するつながりが形成される。ネットワークの誕生である。このネットワークが分野・地域を超えてつながり、さらに企業や諸機関、自治体行政や国、国際的なつながりへと広がり、重層的なネットワークが形成される。東日本大震災における女性視点での被災者支援、防災・減災の取り組みは、この重層的ネットワーク形成の試みでもあった^{(4)}。

　東日本大震災を契機として生まれた重層的ネットワークのスタートは、いずれも被災地の女性たちの動きであった。仙台のケースは第2章に詳しいが、その他の例として、福島の女性たちによる「NPO法人ウイメンズスペースふくしま」を紹介しよう。この会の前身は2007年に誕生した「女性の自立を応援する会」で、東日本大震災直後、郡山の大規模避難所・ビッグパレットで女性専用スペースの運営に加わり、その後全国女性会館協議会の助成金を受けて「女性のための電話相談」を開始、2012年にNPO法人格を取得し、被災地における女性の悩み相談や子育てママのサロン活動を展開した。この活動を背後で支えたのは、内閣府男女共同参画局が2012年より展開した「東日本大震災被災地における女性の悩み・暴力相談事業」とこの事業の委託を受けた女性たちの全国組織、日本フェミニストカウンセリング学会であった[5]。

　第4章、第5章に詳述されているように、東日本大震災を契機として、全国の男女共同参画推進センターや全国女性会館協議会などの全国組織が地域の女性たちを支え、つなぎ、女性視点の被災者支援や地域防災の取り組みのネットワークに重要な役割を果たした。災害において、あるいは政治的・政策的場面においても「自助・共助・公助」ということがしばしば言われる。災害における「自助」は、災害時にまずは自分自身の命を守ろうというもので、災害時後の個人や家族の自己責任の強化を意味するものではない。男性優位のそれではなく、女性視点をもった「自助、共助、公助」の組みなおしは今後の政策立案に重要である。これが実効性を持つためには、市民レベルのボトムアップの活動と、市民、自治体、国の、有機的で重層的なネットワーク形成が欠かせない。それは次世代につながるジェンダー公正な社会へのシステム転換の可能性をもつものとなる（矢澤ほか 2003；天童・浅野 2018）。

未来の被災地へ――政策的課題をともに考える

　災害、防災、復興にかかわる政策立案に携わる人々は、国、行政、地方自治体、企業、学校、町内会など各々のレベルで、さまざまな検討を重ねてきた。

　本書では最後に、3つの政策的課題を挙げておく。

　一つ目は、支援する人を支える仕組みの構築である。災害時、災害後に支援する立場にある人、消防や医療従事者、災害時の救命救助で特別の任務に就くことが求められている人、自治体職員といった「非常時の支援者」の尊厳と回復力を守り、支援者を支える体制を含めて、人権保障と多様性配慮を考えていかねばならない。このことは、コロナ禍の医療従事者、介護の場、保健所、学校・保育関係者の過重な負担と労働状況の問題としても認識されねばならない。

　二つ目は、「世帯単位」主義の限界と弊害である。第1章でも指摘したように、被災者への支援金、弔慰金など災害時の給付金は一般に世帯単位で支給されている。申請手続きや給付金などの支給は世帯主（多くの場合は夫）あてになされ、その結果、DVや虐待状況にあって世帯主と別居している妻に、給付金が渡らないケースが多発した。コロナ禍の事例にみるように、最近ではそのような場合の救済措置が一部とられるようになったが、措置の利用には相当の労力やリスクが伴い、根本的な解決にはいたっていない。

　日本では、生活保護をはじめ社会保障の多くは、個人ではなく、世帯を単位としてつくられており、社会保障給付の受給資格が世帯主や単身者とされてきた。この原則は社会保障制度だけでなく、配偶者手当や扶養手当などの家族賃金制度や配偶者控除、配偶者特別控除、扶養控除などの税制にも適用されている。これは、従来の社会保障制度が、世帯主の夫が妻子を扶養する家族を「標準的」モデルとしていたためである。しかし、ライフスタイルと家族の多様化、離婚の増大のなかで、これまでモデルとされていた家族（夫婦と未婚の子からなる世帯）は、今や28.4%（2019年）に過ぎず、もはや典型ではない。家族の多様性、個人化するライフスタイルにあわせたモデル、均等待遇を視野に（落合 2019）、家族主義的社会システムから、社会保障における男女の均等待遇、個人単位原理の導入へと舵を切る必要があろう。

　三つ目はジェンダー統計についてである。ジェンダー統計とは、男女格差や差別を数量的に見える形にした統計で、女性が置かれている差別的状況を客観的に把握するうえで必要な統計データの集積である[6]。しかし現状では、災

害時の女性の実態を把握しようとしても、必要な統計が男女別でとられておらず、女性の実情を数量的に把握するのが困難なことがしばしばある。また、被災者の実態やニーズ把握などのアンケート調査のなかには世帯単位で実施されるものも少なくない。女性の実態やニーズを客観的に知るためには、個人単位の調査や実態調査結果の男女別データの収集・分析など、ジェンダー統計の整備が必要である。ジェンダーに敏感なデータ収集と分析は、政策立案者とともに、学術や研究に携わる我々の責務でもある。

おわりに

　本書を通して共有してきた女性のエンパワメントに基づく連帯による実践力は、ボトムアップ（下から上への）の変革の力を指している。終章の図2「女性のエンパワメント実践モデル」には、構造的不平等を見極め、女性たちが力をつけて連帯して行動することによって、自らの状態や位置を変えていく、変革的・実践的プロセスと、その資源を示した。

未来志向のネットワークをつくる

　災害女性学は、一つには防災・災害・復興のプロセスに女性の視点を、と女性視点の導入を示唆するものであるが、ただ単に「女性を加える」だけでは変革の力は生まれない。災害時、復興のプロセスに女性の声を入れるとともに、女性はもとより、社会のなかで困難を抱える人たちの課題に目を向け、どうしたらよりよい社会をつくっていけるのか、未来志向の議論と提案を重ねることが肝要となる。

　そのような議論と提案は、立場や主張を超えて、地域をつくる人々、具体的には個々の市民、町内会、自治体、防災会議、男女共同参画に携わる人、防災リーダー、行政、議員、地元企業、NPO、学校や保育関係者、ボランティア、市民グループ、学生・生徒、子どもたちを含む、未来志向の連携のネットワークから生み出される。

　序章で述べたように、他者の立場にたって考える力と実践としての「女性学的想像力」（天童 2017）は、女性だけのものではない。災害時に、また復興の過程にあって、他者の立場を想像する力、その想像力を復興の創造力へと展開する場を、市民と自治体の連携のもとに作り上げていくことは、行政担当者、政策立案者の使命のひとつであろう。

災害女性学をとおして地域の再構築を展望する

　全国各地で多様な災害が多発している今日、女性視点をもった地域防災・減災の取り組みがさまざまな形で試みられている。名称はさまざまだが、避難所ごとに設置される避難所運営委員会設置の取り組みはその一つである。これは従来の自治会単位や自主防災組織を超えた地域防災の主体であり、そこには地域で活動する子育てグループや高齢者支援グループなど、多くの女性たちが防災リーダーとして避難所の管理運営に参画している。意思決定に参画する女性が少ないなかでも地域はとくに低く、自治会長の女性比率が全国平均でも2019 年でわずか 5.9% である。こうしたなかで女性の参画を進めている避難所運営委員会づくりは地域を変えるきっかけともなっている。

　また、地区防災計画づくりを試みる地域もある。地区防災計画とは、自治会、町内会、マンション、幼稚園、保育所、小学校／中学校／高校、企業、商業施設、病院、福祉施設などを地区と位置づけ、この単位でつくる自発的な防災計画のことで、2013 年の災害対策基本法改正で明記され、2014 年 4 月に施行されたものである。地区防災計画は、市民が自発的に作るボトムアップ型の防災計画であること、地区の実情にあった個別具体的な防災計画であるという特徴がある。住民が自発的に作る防災計画はこれまで自主防災計画と呼ばれていたが、自主防災計画は法的根拠がなく、住民任せだったのに対し、地区防災計画は災害対策基本法のなかに法的に位置づけられたものであり、自治体の地域防災計画に規定されることで、行政と住民双方がその達成に責任を持つことになる。実施にあたり予算措置の可能性も出てくるし、確実な実施が期待できるようになる。ただし、作成された地区防災計画が地域防災計画に規定される

ためには、自治体の防災会議で承認されることが必要である。その意味では防災会議の委員の意識や当事者や女性の参画が重要となる。市町村防災会議委員の女性比率は未だ低いが（2019年8.7%）、未来は変えることができる。その鍵は地域レベルの意思決定の積み重ねと重層的ネットワークの構築にある。

　避難所運営委員会や地区防災計画をつくるボトムアップのプロセスは、縦割り行政の限界にくさびを打ち込む契機ともなるし、また、地域の防災力を高めるだけでなく、盛り込む具体的な内容は、日常の地域活動にも密接につながっており、地域力を高める契機ともなる。災害女性学から見えてくる災害対策は確実に防災を契機とした地域の再構築のきっかけとなる。

　生きた地域・社会の現実は、外からの観察だけではとらえきれない。困難を抱える当事者が生きる現場に入り込むことによって、地域・社会がもつ問題の本質に接近することができる。人間と社会に関わる生きた学問はそのようにしてつくられる。災害女性学も例外ではない。災害につよい地域・社会をつくる。ともに地域・社会を再構築する。そして、ともに災害女性学をつくる。その共創のネットワークの担い手は私たち一人ひとりなのである。

＊付記　本章は浅野が骨子を作成し、天童が加筆および作図を担当し、両者の意見交換を経て執筆した。

【注】
（１）　2020年5月、内閣府男女共同参画局が旧指針を改定する形で策定された「災害対応力を強化する女性の視点～男女共同参画の視点からの防災・復興ガイドライン～」についての解説は浅野幸子（減災と男女共同参画　研修推進センター共同代表）に詳しい。http://gdrr.org/2020/10/1602/
（２）　NPO法人ウィメンズアイは東北の女性を応援する活動に従事。2011年9月に女性が集まる場づくりのため仮設住宅集会所でスタートした講座、ワークショップ、また東北の次世代女性リーダー育成「グラスルーツ・アカデミー東北」は海外でも注目されている。石本めぐみによる実践報告「女性目線で現場を見る――防災と男女共同参画」、天童睦子ほか2019年1月公開シンポジウム「女性と防災：次世代へつなぐ協働の実践へ」（報告書）より。

（3）　石巻復興支援ネットワーク「やっぺす」（やりましょうの意味）での代表理事、事務局メンバーのインタビューは 2020 年 11 月に天童が実施。調査分析にあたっては宮城学院女子大学地域子ども学研究センターの助力を得た。

（4）　重層的ネットワークは行政区分を超えた自治体間の支援体制の構築を含む。本書では触れないが、東日本大震災の際には、被害が広域に及んだこともあり、たとえば南三陸町の被災者を隣接の栗原市や登米市が受け入れ（登米市に設置された 11 の避難所のほとんどは南三陸町の被災者に利用された）、支援にあたった（みやぎの女性支援を記録する会 2012）。また福島県からの広域避難者は今日にいたるまで全国に存在する（第 6 章）。大規模災害への備えには自治体間の連携、広域避難の検討と整備といった越境の想像力がかかせない。

（5）　内閣府の男女共同参画局の「東日本大震災被災地における女性の悩み・暴力相談」事業は被災地における女性支援で大きな成果を上げた事業であった。その大きな要因は、この事業を委託された協力団体が全国シェルターネット、日本フェミニストカウンセリング学会、全国女性会館協議会、しんぐるまざあず・ふぉーらむといった全国組織の存在がある。（内閣府 2012）。福島の女性たちによる「NPO 法人ウイメンズスペースふくしま」（郡山市）での聞き取りは 2017 年 浅野・天童のインタビュー調査による。

（6）　ジェンダー統計については、国連 gender statistics
https://unstats.un.org/unsd/demographic-social/gender/
国立女性教育会館 NWEC https://winet.nwec.jp/toukei/　などを参照。

【参考文献】
浅野富美枝 2016『みやぎ 3・11「人間の復興」を担う女性たち――戦後史に探る力の源泉』生活思想社
浅野富美枝・天童睦子 2020「広域避難者を核としたサロン活動をつくりあげた女性たち―― 9 年間の変遷」第 6 回震災問題研究交流会　報告資料
浅野富美枝 2020「東日本大震災・福島第一原発事故による広域避難者との交流と『人間の復興』」唯物論研究協会編《〈復興と祝祭〉の資本主義　新たな「災後」を探る』大月書店、pp.83-105
内田有美 2012「セクシュアルマイノリティの避難生活」みやぎの女性支援を記

174

録する会編 2012『女たちが動く──東日本大震災と男女共同参画視点の支援』生活思想社所収

落合恵美子 2019『21世紀家族へ（第4版）──家族の戦後体制の見かた・超えかた』有斐閣選書

減災と男女共同参画　研修推進センター編 2013『男女共同参画の視点で実践する災害対策』

田間泰子 2013「自然災害時の妊産婦のニーズと支援体制の課題について」『女性史学』23、pp.43-49

天童睦子 2017『女性・人権・生きること』学文社

天童睦子 2020『女性のエンパワメントと教育の未来──知識をジェンダーで問い直す』東信堂

天童睦子・浅野富美枝 2018「ジェンダー視点からみた広域避難と女性──東日本大震災における支援と女性たちの協働」第4回震災問題研究交流会『研究報告書』、pp.81-86

内閣府 2012『東日本大震災被災地における女性の悩み・暴力（集中）相談事業報告書（平成23年度）』

日本弁護士連合会編 2012『災害復興東日本大震災後の日本社会の在り方を問う：女性こそ主役に！』日本加除出版

みやぎの女性支援を記録する会編 2012『女たちが動く──東日本大震災と男女共同参画視点の支援』生活思想社

モリス、J.F., 公益財団法人宮城県国際化協会、公益財団法人仙台国際交流協会編・発行 2015『東日本大震災からの学び──大災害時、県、政令市の地域国際化協会の協働と補完を再考する』

矢澤澄子・国広陽子・天童睦子 2003『都市環境と子育て──少子化・ジェンダー・シティズンシップ』勁草書房

災害・女性史年表 日本／世界

年	日　　本	年	世　　界
		1914〜1918	第一次世界大戦
		1918〜1920	スペイン風邪（インフルエンザの世界的流行）
1923	関東大震災		
1933	昭和三陸地震		

第二次世界大戦（〜1945）

年	日　　本	年	世　　界
1945	枕崎台風	1945	国際連合発足
1946	昭和南海地震		
1947	災害救助法制定 カスリーン台風		
1948	福井地震	1948	国連「世界人権宣言」採択
1949	水防法制定		
1950	建築基準法制定		
		1951	国連、難民条約採択
		1954	ビキニで水爆実験、第5福竜丸被災
1955	スモン病発生		
1956	水俣病発生 イタイイタイ病発生		
1959	伊勢湾台風		
1960	四日市ぜんそく発生	1960	チリ地震
1961	災害対策基本法制定		
		1962	キューバ危機
1964	新潟地震		
1965	新潟水俣病発生	1965	国連、人種差別撤廃条約採択 ベトナム戦争（〜1968）
		1966	国連「世界人権規約」採択
1974	原子力船「むつ」放射能漏れ事故		

年	日　　本	年	世　　界
		1975	国際女性年 第1回世界女性会議（メキシコシティ）「女性の地位向上のための世界行動計画」採択
		1976	国連女性の10年（1976〜1985）
1977	国立婦人教育会館（現国立女性教育会館）設置		
1978	宮城県沖地震		
1979	「世界人権規約」批准	1979	国連「女性差別撤廃条約」採択 スリーマイル島原子力発電所事故（アメリカ）
		1980	第2回世界女性会議（コペンハーゲン） イタリア南部地震
1981	難民条約批准	1981	ILO156号条約（家族責任条約）採択 初のエイズ患者　1983年　HIV-1の分離同定
1983	日本海中部地震 三宅島噴火		
1984	国籍法改正	1984	ボパール農薬漏洩事故（インド）
1985	「女性差別撤廃条約」批准 男女雇用機会均等法制定	1985	第3回世界女性会議（ナイロビ） ILO「雇用における男女の均等な機会及び待遇に関する決議」 メキシコ地震
1986	伊豆大島三原山噴火	1986	ソ連、チェルノブイリ原発事故
		1988	ネパール・インド地震
		1989	国連「子どもの権利条約」採択 中国、天安門事件 ベルリンの壁崩壊
		1990	「国連防災の10年」（〜1999） 統一ドイツ誕生 湾岸戦争
1991	育児休業法公布 雲仙普賢岳噴火	1991	ピナツボ火山噴火 チェルノブイリ法 ソ連邦からロシアへの移行

年	日 本	年	世 界
		1992	「環境と開発に関する国連会議（リオ・サミット）」
1993	北海道南西沖地震 環境基本法制定	1993	国連「女性に対する暴力の撤廃に関する宣言」採択
1994	総理府に男女共同参画室及び男女共同参画審議会設置 北海道東方沖地震 「子どもの権利条約」批准	1994	第1回国連防災世界会議（横浜）「横浜戦略」採択 国際人口開発会議（カイロ）
1995	**阪神・淡路大震災** 女性支援ネットワーク発足 育児・介護休業法制定 人種差別撤廃条約批准	1995	第4回世界女性会議（北京）「行動綱領」「北京宣言」採択
1996	国、「男女共同参画2000年プラン」策定		
1997	介護保険法公布	1997	スフィア・プロジェクト開始
1998	特定非営利活動促進法制定 被災者生活再建支援法制定		
1999	男女共同参画社会基本法制定・施行 東海村JCO臨界事故	1999	トルコ大地震 921大地震（台湾大地震）
2000	「第1次男女共同参画基本計画」閣議決定 鳥取県西部地震 有珠山噴火 三宅島噴火	2000	第23回国連特別総会（北京＋5）防災・減災0・復興・人道支援にジェンダー視点導入を勧告 MDGs（ミレニアム開発目標、開発分野における国際社会共通の目標）
2001	DV防止法制定		
		2002	第46回国連女性の地位委員会「パネル2　環境管理と防災におけるジェンダーの視点」
2003	少子化社会対策基本法公布 次世代育成支援対策推進法公布	2003	SARS（重症急性呼吸器症候群）ウイルス性呼吸器疾患拡大
2004	新潟・福島豪雨、新潟県中越地震、内閣府女性の視点担当者を現地に派遣	2004	スマトラ沖地震・インド洋沖津波

年	日　本	年	世　界
2005	「第2次男女共同参画基本計画」策定（防災分野における女性の参画の拡大） 中央防災会議「防災基本計画」（男女共同参画、男女双方の視点明記） 女性の学習国際フォーラム「災害と女性のエンパワーメント」（国立女性教育会館）	2005	ハリケーン・カトリーナ（アメリカ） 第2回国連防災世界会議（神戸）「兵庫行動枠組」採択 第49回国連女性の地位委員会「インド洋沖津波災害を含む災害後の救済・回復・復興取組におけるジェンダー視点の統合」採択
2006	ワークショップ「防災と女性」（国立女性教育会館）	2006	ジャワ島中部地震 国連、障害者権利条約採択
2007	新潟県中越沖地震 「ワーク・ライフ・バランス憲章」公労使決定	2007	「災害・紛争等緊急時における精神保健・心理社会的支援に関するIASCガイドライン」
2008	岩手・宮城内陸地震 中央防災会議「防災基本計画」に男女共同参画の視点を取り入れた防災体制確立を明記	2008	中国四川大地震
2010	「第3次男女共同参画基本計画」閣議決定（第14分野　地域・防災・環境その他の分野における男女共同参画の推進）	2010	ハイチ地震
2011	**東日本大震災、東京電力福島第一原発事故** 東日本大震災復興基本法、原発避難者特例法制定 東日本大震災復興対策本部「東日本大震災からの復興の基本方針」 「男女共同参画と災害・復興ネットワーク」、「東日本大震災女性支援ネットワーク」結成 長野県北部地震	2011	ニュージーランド地震
2012	復興庁設置 原発事故子ども・被災者支援法制定 「防災基本計画」改定（女性と多様性への配慮明記） 日本女性会議2012、仙台にて開催	2012	MERS（中東呼吸器症候群）感染症拡大（2015年　韓国で大流行） 第56回国連女性の地位委員会「自然災害におけるジェンダー平等と女性のエンパワーメント」採択

年	日　　本	年	世　　界
2013	内閣府男女共同参画局「男女共同参画の視点からの防災・復興の取組指針」		
2014	障害者権利条約批准 広島市北部、豪雨で土石流・土砂災害 「減災と男女共同参画　研修推進センター」創設 御嶽山噴火	2014	第58回国連女性の地位委員会「自然災害におけるジェンダー平等と女性のエンパワーメント」採択 エボラ出血熱、西アフリカで大流行
2015	女性の職業生活における活躍の推進に関する法律（女性活躍推進法）制定 「第4次男女共同参画基本計画」閣議決定 台風18号による豪雨で、東北・関東各地に被害	2015	ネパール地震 SDGs（持続可能な開発目標）採択（目標5 「ジェンダー平等を達成し、すべての女性と少女をエンパワーメントする」） 第3回国連防災世界会議（仙台）「仙台防災枠組」採択
2016	**熊本地震**		
2018	西日本豪雨災害 政治分野における男女共同参画の推進に関する法律制定		
2019	台風15号、台風19号で埼玉・千葉・長野など広域で甚大な被害		
2020	内閣府男女共同参画局「男女共同参画の視点からの防災・復興ガイドライン」 「第5次男女共同参画基本計画」閣議決定	2020	COVID-19 世界的感染拡大 2018年・2019年 G7 ジェンダー平等評議会、「コロナ危機におけるジェンダー平等と女性の権利に関する声明」発表

＊作成／浅野富美枝・天童睦子　作成協力／藤井竜哉（東北大学大学院）

【付記】　災害・女性史年表の作成にあたっては、1900 年代から 2020 年までの国内外の大規模災害（地震など）、および 90 年代以降の災害関連の法制度、女性支援、市民運動、国連の動向など、本書で取り上げたものを中心にまとめた。年表作成にあたっては草稿の段階で浅野幸子さんから貴重な示唆をいただいた。

【主な参考文献】

北嶋秀明 2015『世界と日本の激甚災害事典――住民から見た 100 事例と東日本大震災』丸善出版

埼玉県 2020『令和元年度男女共同参画に関する年次報告』

津久井進 2012『大災害と法』岩波書店

内閣府・男女共同参画推進連携会議 2018『ひとりひとりが幸せな社会のために　平成30年版データ』

内閣府・中央防災会議　参考資料「過去の災害一覧」http://www.bousai.go.jp/kyoiku/kyokun/kyoukunnokeishou/1/pdf/sankoshiryo.pdf

内閣府『令和2年版防災白書』付属資料 http://www.bousai.go.jp/kaigirep/hakusho/pdf/R2_fuzokusiryo.pdf

東日本大震災女性支援ネットワーク・研修プロジェクト編 2013『男女共同参画の視点で実践する災害対策—テキスト　災害とジェンダー〈基礎編〉』

執筆者紹介（掲載順　肩書き・所属は 2023 年時、その他は 2021 年時のもの）

浅野富美枝（あさの　ふみえ）編者
　宮城学院女子大学生活環境科学研究所所員・元宮城学院女子大学教授（家族社会学）
　埼玉県吉川市防災会議委員、吉川市男女共同参画審議会会長
　主な著書「東日本大震災・福島第一原発事故による広域避難者との交流と「人間の復興」」『唯物論研究協会年誌第 25 号　〈復興と祝祭〉の資本主義──新たな「災後」を探る』（2020 年　大月書店）、『みやぎ 3・11「人間の復興」を担う女性たち──戦後史に探る力の源泉』（2016 年 生活思想社）、みやぎの女性支援を記録する会編『女たちが動く──東日本大震災と男女共同参画視点の支援』（共著 2012 年 生活思想社）など。

天童睦子（てんどう　むつこ）編者
　宮城学院女子大学一般教育部教授（女性学、教育社会学）。博士（教育学）。
　国際ジェンダー学会評議員
　主な著書『女性のエンパワメントと教育の未来』（2020 年 東信堂）、『女性・人権・生きること』（2017 年 学文社）、『教育の危機──現代の教育問題をグローバルに問い直す』（監訳 2017 年 東洋館出版社）、『育児言説の社会学──家族・ジェンダー・再生産』（編著 2016 年 世界思想社）など。

宗片恵美子（むなかた　えみこ）
　特定非営利活動法人イコールネット仙台常務理事
　気仙沼市男女共同参画審議会委員、気仙沼市防災会議委員、名取市防災会議委員
　主な著書、みやぎの女性支援を記録する会編『女たちが動く──東日本大震災と男女共同参画視点の支援』（共著 2012 年 生活思想社）。

畑山みさ子（はたやま　みさこ）
　宮城学院女子大学名誉教授（発達心理学、臨床心理学）・宮城学院女子大学発達科学研究所客員研究員。ケア宮城代表。
　主な著書『感情心理学　パースペクティブズ』（編著 2005 年 北大路書房）、『感情の社会生理心理学』（共訳 2002 年 金子書房）、「東日本大震災後の教師支援のための研修会活動──「ケア宮城」の 2 年間の実践活動報告」『臨床発達心理実践研究第 8 巻』（2013 年　日本臨床発達心理士会）など。

浅野幸子（あさの　さちこ）
　減災と男女共同参画　研修推進センター共同代表
　早稲田大学地域社会と危機管理研究所　招聘研究員（災害社会学、地域防災）
　阪神・淡路大震災の被災地で支援活動に従事。2011 年に発足した東日本大震災女

性支援ネットワークの活動に参加し、2014 年より後継団体の減災と男女共同参画
研修推進センター共同代表。「男女共同参画の視点からの防災・復興ガイドライ
ン」（2020 年 内閣府）など国・自治体の防災政策にも関わる。博士（公共政策学）。
著書『あなた自身と家族、本当に守れますか 女性×男性の視点で総合防災力アッ
プ』（2011 年（財）日本防火協会）、論文「被災時の女性／男性の困難から考える災
害対策の意義と重要性」『日本自治体危機管理研究 vol.18』（2016 年 日本自治体危
機管理学会）など。

瀬山紀子（せやま のりこ）
元公立女性関連施設職員、埼玉大学ダイバーシティ推進センター准教授
女性防災ネットワーク東京 呼びかけ人
共著書『官製ワーキングプアの女性たち あなたを支える人たちのリアル』（2020
年 岩波書店）、『往き還り繋ぐ 障害者運動 於＆発 福島の 50 年』（2019 年 生活書
院）、論文「新たな経済社会の潮流のなかでの男女共同参画センターの役割につい
ての検討」（2017 年 ジェンダー研究（19）、東海ジェンダー研究所、pp.129-149）
など。

薄井篤子（うすい あつこ）
特定非営利活動法人埼玉広域避難者支援センター副代表、埼玉県男女共同参画推
進センター事業コーディネータ、男女共同参画と災害・復興ネットワーク運営委
員、神田外語大学ほか非常勤講師、元復興庁男女共同参画班上席政策調査官。
主な論文「さいがい・つながりカフェの活動から 埼玉県における県外避難者とそ
の支援の現状」『東日本大震災における保健師活動 女性の・多様な視点への接
点』（2016 年「東日本大震災における保健師活動」実行委員会編）、「2019 年度竹
村和子フェミニズム基金助成報告書 中長期支援から見えてきた広域避難におけ
るジェンダー課題」（2020 年 ジェンダー視点から考える広域・長期避難者支援ネッ
トワーク編）など。

長谷川公一（はせがわ こういち）
尚絅学院大学特任教授・東北大学名誉教授（環境社会学、社会運動論、市民社会
論）。博士（社会学）。
国際社会学会前理事、日本社会学会評議員、公益財団法人みやぎ・環境とくらし
ネットワーク（MELON）理事長
主な著書『社会運動の現在——市民社会の声』（編著 2020 年 有斐閣）、『東日本大
震災 100 の教訓 地震・津波編』（共編 2019 年 クリエイツかもがわ）、『原発震災
と避難——原子力政策の転換は可能か』（共編 2017 年 有斐閣）など。

災害女性学をつくる

2021年 3 月 1 日　　第 1 刷発行
2023年11月 1 日　　第 2 刷発行

編　者　浅野富美枝・天 童 睦 子
発行者　五十嵐美那子
発行所　生 活 思 想 社
　　〒102-0071　東京都千代田区富士見2-2-2　東京三和ビル203号
　　　　　　　　　　　　　　　電話・FAX　03-6261-7191

組版／アベル社　　印刷・製本／新日本印刷株式会社
落丁・乱丁本はお取り替えいたします。

東日本大震災から女性視点の支援を考える

● みやぎの女性支援を記録する会 編著

女たちが動く
東日本大震災と男女共同参画視点の支援

本体 2000 円（税別）A5 判・並製・200 頁

避難所の女性たちはどのような生活を強いられたのか、何を求めていたのか。支援する被災女性たちはどんな苦悩を抱えていたのか。被災女性が被災女性を支援した、1 年の記録。

● 浅野富美枝 著

みやぎ 3・11
「人間の復興」を担う女性たち
戦後史に探る力の源泉

本体 2200 円（税別）A5 判・並製・256 頁

女性たちの支援する力はいかにつくられたのか。これからの地域づくり、減災・防災に必要不可欠な男女共同参画の力を見いだす。